高职院校创新创业教学与发展研究

郑蓓林 著

中国纺织出版社有限公司

图书在版编目(CIP)数据

高职院校创新创业教学与发展研究 / 郑蓓林著. --
北京 : 中国纺织出版社有限公司, 2023.8
ISBN 978-7-5229-0986-8

Ⅰ. ①高… Ⅱ. ①郑… Ⅲ. ①高等职业教育—创业—
教学研究 Ⅳ. ①G717.38

中国国家版本馆 CIP 数据核字(2023)第 173723 号

责任编辑:王 慧 责任校对:江思飞 责任印制:储志伟

中国纺织出版社有限公司出版发行
地址:北京市朝阳区百子湾东里 A407 号楼 邮政编码:100124
销售电话:010—67004422 传真:010—87155801
http://www.c-textilep.com
中国纺织出版社天猫旗舰店
官方微博 http://weibo.com/2119887771
北京虎彩文化传播有限公司印刷 各地新华书店经销
2023 年 8 月第 1 版第 1 次印刷
开本: 787×1092 1/16 印张: 9
字数: 180 千字 定价: 98.00 元

前　言

随着经济的快速发展，我国高职院校在创新创业教学中越发注重人才教育的科学发展。高职院校在加强创新创业人才教育的同时，需要肩负起更大的历史使命，通过不断地科学探索和实践研究，为我国培养更多的创新创业人才。实施创新创业教育，培养创新创业人才是建设创新型国家的迫切需要。在“大众创业、万众创新”的新形势下，高职院校为满足未来就业市场需求，积极开展创新创业教育模式探索。

本书从创新创业教育的基础理论出发，结合经济时代对高职院校创新创业人才培养的要求，对如何构建高职院校创新创业课堂教育教学模式，促进高职院校创新创业教育教学实践体系建设，建设高职院校创新创业教学质量监控体系，以及加快职业教育转型发展进行了分析，为高职院校创新创业教育改革提供理论依据，并针对高职院校创新创业教育现状及存在的问题提出相应的解决策略。本书内容翔实丰富，对我国高职院校创新创业教学工作及人才的培养具有一定的参考价值。

本书在撰写的过程中，查阅了很多文献资料，得到了很多专家学者的指导，在此表示感谢！由于作者水平有限，加之时间不足，书中难免会有不足之处，恳请广大读者给予批评指正，以供我们更好地修改完善。

作　者

2023 年 5 月

目　　录

第一章　创新与创新教育研究

创新教育作为推动我国教育发展的重要动力，越来越受到重视。本章主要概述创新与创新意识、创新能力与技能、创新教育发展研究的相关内容。

第一节　创新与创新意识

一、创新

（一）创新的概念

创新的概念有广义和狭义两种，广义的理解是在我们生活的这个网络中，任何一个节点都可能成为创新行为实现的特定空间。创新行为可以表现在科学、技术、教育、体制和经济模式等不同的方面。狭义的理解是创新基于技术和经济效益的结合，即创新是从产生新的想法到生产出产品再到销售的一系列过程。从经济学角度来说，创新是为满足社会需求而对旧的进行改造、改进或创造出新的，并能获得一定有益效果的行为。创新理论经过在不同领域的不断发展，现在发展为包括 3 种范畴的概念，分别是哲学概念、经济学概念、社会学概念。

1. 创新的哲学概念

从哲学角度来说，创新是一种创造性的实践行为，这种实践行为是对已有资源的利用和再创造，是人类对发现行为的再创造，是对物质世界矛盾的再创造。人类通过对物质世界的利用和再创造，制造新的矛盾关系并形成新的物质形态。因此可以从以下 4 个方面来理解创新的哲学思想。

从物质的发展角度来说，创新带来物质的发展。在实践的范畴上创造新事物就是创新。任何有限的存在都是可以被再创造的，而物质的存在和不存在属于一种矛盾，所以矛盾是创新的核心，创新的无限性源于物质世界的无限性。

从意识的发展角度来说，创意是创新的思维形态，意识的新发展在于人对自我的创新，所以创新是人对现在的自我否定，对重复、简单方式的否定，这是人类得以发展的原因，用新的创造方式来创造新的自我。

认识论认为创新是自我意识的发展。而意识的发展源于对过去的否定，其发展会推动行为的发展。那么，从认识的角度来说，创新就是用更加有广度、深度的视觉来观察和思考世界，并将这种认识作为日常习惯贯穿于具体实践活动中。

从辩证法的角度来说，事物是不断变化发展的，发展的实质是新事物的产生和旧事物的灭亡，只有树立创新意识并付诸实践，才能实现事物的发展。要坚持创新，破除思想僵化、墨守成规和安于现状的旧观念。

因为整个世界在空间上和时间上都是无限的，所以人们应当在实践的基础上不断地深化认识、扩展认识，即要树立创新意识，使人的认识不断地向前发展。

2. 创新的经济学概念

创新的经济学概念起源于1911年美国经济学家约瑟夫·熊彼特（Joseph Alois Schumpeter）出版的《经济发展理论》。熊彼特在此书中提出："所谓创新就是要'建立一种新的生产函数'，即生产要素的重新组合。"企业家的职能是实现这种创新即引进新的组合，通过不断地引进新组合来促进资本主义社会的经济发展。换言之，资本主义社会的经济发展的核心驱动力就是不断地创新。因此资本主义社会存在的周期性的经济波动的内在因素就是创新过程中的非连续性，并且不同的创新对资本主义社会的经济发展产生不一样的影响，经济周期的长短也不一样。熊彼特将创新定义为"把一种新的生产要素和生产条件的新结合引入生产体系中，以实现对生产要素或生产条件的新组合"。在熊彼特之后，也有许多学者提出了关于创新在经济学上的定义。

同样在20世纪60年代，迈尔斯和马奎斯提出："技术创新是从新思想和新概念到运用新思想和新概念不断地解决各种问题这一活动过程，最终成功应用一个有经济价值和社会价值的新项目。"林恩提出："创新是指从对技术的认识到最终将技术转化为商业化产品的行为过程。"

1962年，伊诺思提出："创新是发明、资本注入、建立组织、计划制订、招人和开拓市场等行为综合的结果。"

1992年，经济合作与发展组织（OECD）认为："技术创新包含了新产品和新工艺的产生以及对产品和工艺的重大技术性改变。创新包括了一系列科学的、技术的、组织的、金融的和商务的活动。"

到了21世纪，宋刚、唐蔷、陈锐、纪阳在《复杂性科学视野下的科技创新》一文中提出："技术创新是各创新主体、要素交互发展的复杂作用下的涌现。"

正确界定技术创新的概念，对于研究技术创新理论及其在经济发展中的具体实践具有重要意义。为此经济学家们做了大量的研究。美国学者莫埃思统计了350多篇关于技术创新的文章，其对技术创新的定义不尽相同。在技术创新的定义上，有分歧的观点主要集中在对技术创新中的"技术"概念的理解、对创新所包含内容的理解、对技术创新强度的要求等方面。

综上所述，技术创新概念的严格定义是一个广泛而复杂的问题，很难用简单的语言来定义。到目前为止，还没有一个严格意义上人人都能认同的统一定义。但是人们普遍认为技术创新是经济概念，是一种经济发展观。这一概念的内涵是高度重视技术变革在经济变革中的重大作用。它是经济和科技乃至教育、文化等的有机结合。

3. 创新的社会学概念

创新的社会学概念是指人类为了自我发展的需要，利用已知的资源，产生突破常规的思维，发现新的、有价值的东西。人类通过建立资源集合点，把资源重新分配，尽量达到最高的产出。

所谓创新，就是建立新的生产函数式，对生产要素和条件进行新组合。资源作为常量，当被代入不同的新的生产函数时公式的得数即产出也会改变。如果某一新函数式的结果超过其他函数式的结果，那么就产生了创新。

2004年，石墨烯被两名物理学家安德烈·杰姆（Andre Gem）和康斯坦丁·诺沃肖洛夫（Konstantin Novoselov）首次发现，二人因此获得了诺贝尔奖。石墨烯的本质是具有二维属性的结晶碳同素异形体，是一种特殊的纳米级材料。它由碳六元环组成二维周期蜂窝状点阵结构，轻薄至几近透明，其热电转换结构具有独特性，它的磁性也无其他材料可匹配；同时，它比钢要坚韧200倍，又比纸还轻，而且"身段"比体操运动员还灵活。因为石墨烯具有出色的电学性能、良好的热导率与卓越的力学性能，所以被认为是21世纪的"神奇材料"，并给电子信息、航空航天、汽车与能源领域带来巨大革新。

（二）创新的类型

不同专家学者根据不同的方面对创新的类型进行过划分，这里笔者给大家介绍常见的熊彼特对创新类型的划分模式。

熊彼特对创新的定义为："把一种新的生产要素和生产条件的新结合引入生产体系中，以实现对生产要素或生产条件的新组合。"并根据这一定义将创新划分成5种类型：生产、采用一种新产品或产品的新特征，也就是消费者还不熟悉的产品；采用一种新生产方法，即还没有通过检验的方法；开辟一个新市场，即没有开发过的市场，无论这个市场以前是否存在；获得新的供应来源，通过掠取或控制原材料或半成品来实现，无论这种来源以前是否存在；构建新组织。

在此基础上，德布林咨询公司在研究了近两千个创新案例后总结出：以往所有伟大的创新都是源于十种基本创新类型或其组合，由此提出“创新的10种类型”框架。通常，仅包括一两种创新类型的简单创新不足以让企业获得长远的成功。比如单纯的产品性能创新很容易被模仿甚至被超越。所以企业只有综合应用以下多种类型的创新，才能保持一定的竞争优势。

1. 盈利模式创新

盈利模式创新指将产品和服务通过创新的方式转变为利润。比如，苹果利用 iTunes 和 iPod 的组合，让数字音乐的下载变得更加简单；星巴克提供给客人除家庭和工作以外的第三空间等。

2. 网络创新

网络创新指通过网络实现产品、服务方式的创新。比如，通过网络推出悬赏计划，即企业提供奖励金让网络公共群体帮忙寻找其想要寻找的东西；众包模式，即企业将需要执行的任务分配给网络公共群体完成。

3. 组织结构创新

组织结构创新指通过采用独特的、创新的设计让组织更好地创造价值。比如，拓宽公司的管理幅度，使组织扁平化或机构更少；从直线职能型向事业部制结构转变，或者形成一种矩阵制结构或虚拟结构。

4. 流程创新

流程创新指公司主要产品或服务在操作过程中的操作程序、方式方法和规则体系的创新。例如，金融服务公司在服务载体上的创新，我们常见的网上银行、手机银行都属于金融服务公司在服务流程上的创新。

5. 产品性能创新

产品性能创新指企业在产品或服务的特征、价值和功能方面进行的创新。例如，iPhone 将移动电话、宽屏 iPod 和互联网结合在一起；苹果的虚拟键盘、指纹识别功能等。

6. 产品系统创新

产品系统创新指将公司产品和服务联系起来的系统进行创新。例如，Apple Store 提供与苹果系统配套的软件下载、提供用户反馈意见的渠道、提供相关产品的用户使用手册等。

7. 服务创新

服务创新指提高产品相对应的服务。比如，厦门航空“美人鱼”班组结合厦门机场T4航站楼“东情西韵”“海洋风情”文化的人文机场主题定位，率先提出打造国内第一个海洋主题的安检现场，提升旅客对安检服务的满意度。

8. 品牌创新

品牌创新指产品品牌创新。比如，王老吉公司洞察到了年轻人对养生的渴望，将该品牌传统的产品进行重新包装，强调“养生”“保健”，以更年轻化的方式与年轻人接触。

9. 顾客契合创新

顾客契合创新指要将公司产品性能和顾客的深层愿望联系在一起。例如，中通快递“优鲜送”提供的不只有物流服务，一方面，中通快递根据生鲜水果品类众多的地区特性推出“优鲜送”快递专用单，满足了云南本地商户、农民及购买客户的双向需求；另一方面，中通快递主动承担产品前后期的宣传推广工作，做到了实力助农、为民分忧。又如，中通集团力推松茸，目的是将“物以稀为贵”的松茸销往各地，解决当地农民没有销路的困境。

10. 渠道创新

渠道创新指为厂家的商品通向一定的社会网络或代理商而卖向不同的区域，以达到销售的目的。

（三）创新的原则

创新原则指用于约束创新活动的规则，以及用于评价创新活动有效性的准则。

创新原则可以从两个视角来分析：一是小原则，即个体创新过程中需要遵循的基本原则，主要有遵循科学、化繁为简、功效改进等；二是大原则，即组织创新过程中需要遵循的基本原则，主要有动态平衡、开放包容、尊重市场、可持续发展等。

1. 遵循科学原则

创新不得违反科学规律，在进行创新构思时，要注意以下3点：首先，应进行科学原理相容性检查。与科学原理是否相容，是检查创新设想有无生命力的根本保证。其次，必须进行技术方法可行性检查。如果设想所需要的条件超过现有技术方法可行性范围，则该设想目前还只能是一种空想。最后，新设想的功能体系是否合理，关系该设想是否具有推广应用的价值，因此必须对其合理性进行检查。如果违背科学技术原理，任何创新都无法获得成功，除非你发现并掌握了新的科学原理。

2. 系统辩证原则

系统辩证原则指创新活动本身就是一个系统，故应从多个角度辩证地思考问题。具体包括正向与反向创新法和系统辩证创新法两个方面。

（1）正向与反向创新法

正向与反向创新法指任何事物都有正反两个方面。系统辩证原则就是借助正反两个方面，从系统各个相互联系、相互制约的关系中思考问题，从它们相生相克、相辅相成的关系中观察事物。

在从正面、正向、有利的方面思考的同时，也要注意从其反面、反向、不利的方面考虑，形成看待事物时具有“正、反、合”的科学思维方式。“正、反、合”即对正面和反面的利弊得失进行综合分析，然后再决策，这对所有的事物普遍适用，也是战略思想、战略决策应遵循的思维方式。因为有时正面思考难以解决的问题，改换一下思维角度，从反面考虑便可迅速得到解决。

（2）系统辩证创新法

系统辩证创新法指在创新活动中，基于系统论、信息论和控制论三大理论的指导，形成以整体的、联系的、结构的、功能的、层次的、非线性的观点，对某一特定系统进行分析、归纳、综合并求得创新创意的方法，包括反馈控制法、系统综合法、结构系统法、功能模仿法和“开启黑箱”法等。总之，遵照系统辩证的原则，非但不会约束你的创新思路，反而有助于你拓宽思路并创造出行之有效的解决问题的方法。

3. 市场评价原则

市场评价原则又称效益效率原则，指创新成果大小的评价标准，除了基础科学的评价外，还要接受市场的检验和评估。

市场评价原则其实指具有一定技术标准和技术壁垒，并被市场认可的核心技术。因为在市场经济条件下，竞争力是企业生存和发展的基础，企业不掌握核心技术就没有竞争力，企业只有具备了强大的竞争力才会有更高的效益和效率。所谓技术标准，包括技术水平高于原有技术的技术本身具有竞争对手很难模仿的技术壁垒。所谓市场标准，指市场需求大不大、强不强等，所以核心技术即技术标准与市场标准的总和。因此抓住了核心技术，市场评价原则就抓到了实处，抓到了重点和核心。

在市场经济条件下，只有市场认可的创新才是有价值的创新，所以现代创新特别强调“以用户为中心”和“用户参与”的创新理念。

市场评价原则要求我们开发提升人的创新能力。核心技术就是由创新能力体现出来的。对此，大发明家爱迪生说得十分明确和深刻：“我不打算发明任何卖不出去的东西，因为不能卖出去的东西都没有达到成功的顶点。能销售出去的东西就证明了它的实用性，而实用性就是成功。”

为了评价发明的实用性，有人设计了使用价值检核表作为市场评价原则的重要依据：

（1）该发明要解决的问题是否迫切。

（2）是否容易使用。

（3）是否耐用可靠。

（4）是否令人喜欢、赏心悦目，甚至爱不释手。

（5）其他一些要求是否满足，如使用安全、不妨碍他人、无公害等。

4. 机理简单原则

为了使创新设想和结果更有价值，其实现途径、操作方法等都应该遵循简单机理，以市场和社会可以接受的代价实现创新。这包括原理、结构、功能、生产制造、储运保管、使用方法、回收利用等方面的简单化。

尽管大千世界千姿百态，但其构成其实只有30多种粒子和110种元素。而世界全部的客观存在，就其本质、原理、元素、构成而言都是简单的。不为复杂变化所迷惑，找出事物之间的联系就形成了创新的简单性原则。正如牛顿所说："自然界喜欢简单。"这也揭示了自然界普遍规律的表达方式异乎寻常地简单。

在现有科学水平和技术条件下，如不限制实现创新方式和手段的复杂性，所付出的代价可能远远超出合理程度，使得创新的设想或结果毫无使用价值。因此，在创新的过程中，要从新事物所依据的原理是否重叠，超出应有范围；所拥有的结果是否复杂，超出应有程度；所具备的功能是否冗余，超出应有数量等方面进行检查，始终贯彻机理简单原则。

在高水平的管理中，规则越简单就越抓住了本质、抓住了关键、抓住了要害，就越有效。创新的简单性原则在一切领域都普遍适用。创新往往是简单的。这个原则有助于破除对创新、创造、发明、发现的神秘化，摆脱无助于效率、效益的，空耗精力和浪费时间的形式主义。

5. 功效改进原则

创新的有效性，最关键的是实现功效改进，带来实际的应用价值。这包含5个方面：一是新，有新意，就是首次出现；二是好，看起来好看，用起来好用；三是能，能把设想变现实；四是要，创新成果出来以后要能够被市场接受；五是效，创新成果投放市场后，企业有盈利，并符合社会公共利益。

6. 比较优势原则

比较优势原则指创新活动的成果都必须强调比较优势而不是绝对优势。显然创新活动无论是开发新产品、新技术，还是开发新市场、新资源，都必须强调比较优势而不是绝对优势，尤其是在市场经济条件下，创新的比较优势原则更普遍适用，极为重要。换言之，比较优势原则就是适合原则和适度原则。

创新不可盲目追求最优、最佳、最美、最先进。许多创新设想都各有千秋，这时就需要按相对较优的原则，对设想进行判断选择。首先，可从创新技术先进性上比较，看谁领先和超前；其次，从创新经济合理性上比较，看谁合理和节省；最后，从创新整体效果性上比较，看谁全面和优秀。

就一个国家来说，如果强调绝对优势，就会追求国民经济体系包罗万象，其结果不但不可能有绝对优势，反而连相对优势也没有，会造成国弱民穷的局面。就一个企业来说，发展的目标是什么，资金投向哪里，如何为将来培养人才，都应基于比较优势原则来确定。

就个人来说同样如此，即创新的相对优势在哪里，奋斗的目标是什么，在哪个领域、哪个专业上最有发展的相对优势，这是首先需要明确的问题。

因此强调遵守创新的比较优势原则就是量力而行，遵从效用性标准和成本性标准。

7. 动态平衡原则

动态平衡原则包含两层含义：一是要实现信息共享、资源共享，使各个部门知道自己是什么、干什么、为什么要这么干、未来向何处去，并及时保持良好的沟通；二是要保持充分授权，每一个团队在充分授权的情况下，即使失去了有组织的指挥，仍然能够保持很强的适应能力。有了这两项保证就能实现组织内各个团队的动态平衡，这是组织创新的基本保证。

8. 构思独特原则

构思独特原则指成功的创新活动成果往往是构思独特、不同凡响且出奇制胜的，是见人所不见、思人所不思，或者虽是人有所思，但思之不深、思之不广的。比如，英国工程师查尔斯·德莱帕就是因其为泰晤士河设计的D形洪水闸的构思独特，而获得了“伦敦城公民”的荣誉称号。

兵法中一直强调“出奇制胜”，所谓“出奇”就是“思维超常”和“构思独特”，创新贵在独特，创新也需要独特。在创新活动中，往往要从创新构思的新颖性、开创性和特色性3个角度进行系统的检查和思考。

9. 开放包容原则

创新者往往是少数派，大胆前卫的创意很容易被常规思维与习惯势力所否定，主观武断会错过有价值的创新设想。例如，飞机曾从理论上被反复论证后否定了其存在的可能性；无线电波也曾被权威人士断言其不能沿着地球的弧形表面传播，无法成为通信手段。这些创新技术在前期被否定，就是由于主观武断，对各种新观点不够开放包容，在这一过程中，个别权威专家常常会成为创新的“绊脚石”。

在市场经济条件下，只有市场认可的创新才是有价值的创新，所以现代创新特别强调

“以用户为中心”和“用户参与”的创新理念。

10. 严谨审慎原则

严谨审慎原则指对创新活动不轻易否定、不简单比较，也就是说，在分析评判各种产品创新方案时，应注意避免轻易简单否定的倾向。在飞机发明之前，科学界曾从“理论”上进行了否定的论证，显然这些结论都是错误的。这些不恰当的否定之所以出现，是由于人们运用了错误的“理论”。而更多的不应该出现的错误否定，则是由于人们的主观武断，给某项发明规定了若干用常规思维分析证明无法达到的技术细节的结果。

在避免轻易否定倾向的同时，还要注意不要随意在两个事物之间进行简单的比较。不同的创新，包括非常相近的创新，原则上不能以简单的方式比较其优势。不同的创新不能简单比较的原则，带来了相关技术在市场上的优势互补，形成了共存共荣的局面。创新的广泛性和普遍性都源于创新所具有的相融性。例如，市场上常见的铅笔、钢笔就互不排斥，即使都是铅笔，也有普通木质的铅笔和金属或塑料外壳的自动铅笔之分，它们之间也互不排斥。

二、创新意识

（一）创新意识的界定

1. 创新意识的含义

创新意识指人们在社会实践活动中主动开展创新活动的观念和意识，表现为对创新的重视、追求以及开展创新活动的兴趣和欲望。它是人类意识活动中的一种积极的、富有成果性的表现形式，是人们进行创新活动的出发点和内在动力，是唤醒、激励和发挥人所蕴含的潜在本质力量的重要精神动力，与创新能力一起贯穿于人的创新活动的整个过程。

2. 创新意识的内容

（1）强烈的创新动机

创新动机是创新意识的动力源，是形成和推动创新行为的内驱力，是引起和维持主体进行创新活动的内部心理过程，也是创新才能得以施展的能源。人的每项创新活动、每个创新意识都离不开一定创新动机的支配。创新动机明确且强烈的人，其创新活动成功的希望就大；创新动机肤浅的人，其创新活动成功的希望就小。

（2）浓厚的创新兴趣

创新兴趣指人们从事创新活动投入积极情绪和态度定向，它是创新动机的进一步发展。创新动机来源于对创新的浓厚兴趣，产生创新动机不一定有创新兴趣，而一旦形成创新兴趣必然伴随着创新动机。创新兴趣是人们从事创新实践活动强有力的动力之一。

（3）健康的创新情感

创新过程不仅是纯粹的智力活动过程，它还需要引起、推进乃至完成创造性活动的创新情感。首先是稳定的创新情感。现代创新者只有在稳定的创新情感支配下，才能提高自身创新敏感性，及时捕捉有用信息，对与创新有关的事物充满浓厚的兴趣。其次是积极的创新情感。现代创新者积极的创新情感可以极大地激发自身的创新意识和创新敏锐性，充分调动自己投身于创新活动的积极性。最后是深厚的创新情感。创新热情是一种稳定深厚的创新情感，具有持续性。它是一种能促进现代创新者形成强烈的创新意识并展开创新活动的心理推动力量。

（4）坚定的创新意志

创新意志是在创造中克服各种困难、冲破阻碍的心理因素。首先是创新意志的目的性。现代创新者对自己的行动目的有明确的认识才能按既定的目标行动。其次是创新意志的顽强性。创新意志的顽强性指人们在创新的过程中能精力充沛、坚持不懈地克服一切困难和障碍，取得创新成果。科学创造是一种艰苦的劳动，是要探索前人没有走完的路，要产生前人没有产生过的成果。在创造过程中成功与失败并存，只有意志顽强的创造者才能在挫折与失败中不断进取从而把失败引向成功。

（二）创新意识的类型

1. 求新求异意识

创新意识具有新颖性和差异性的基本特征，求新求异意识也是创新意识的表现形式之一。敢于新颖独特，是创新活动的必要条件。求新求变，是敢于突破常规，不被定式思维所影响的体现。然而现实的教育，更多的时候是一种求同的倾向，观点、看法很容易被趋同。就如同被问及“1＋1＝?”这个问题的时候，如果回答的不是“2”，就很容易引来诧异的眼光。其实这种例子在教育中比比皆是。求新求异意识是要敢于突破常规，换个角度思考的一种心理准备。当我们遇到问题的时候，即使有很顺利的解决办法，我们也可以尝试着换一个角度进行思考。现实生活中求新意识显得尤为困难，因为求新求异需要克服一定的心理压力，还需要面对别人异样的眼光，以至于很多时候我们选择了从众。当然，求新求异意识并不是一味求新，还需要避免标新立异。就像永动机这样有“创意”的设想至今却没有一例成功的，那是因为它们违背了自然界能量守恒的基本规律。

2. 求真务实意识

创新意识是一种求真务实意识。要使创新实践活动得到的成果具有价值，其前提条件是要使创新实践活动的开展符合客观规律。寻找事物的客观规律，按规律办事，就是求真务实的过程。创新离不开求真务实，反过来，求真务实本身又是不断创新的过程。认识世界、寻找客观世界的内在规律，是科学的主要使命，是科学知识形成和发展的过程，也即通常所说的追求真理的过程。科学要揭示事物的规律，就要以事物为对象研究其客观存在的、真实的状态和变化，这种状态和变化便是所谓的“科学事实”，科学事实是科学的基础，衡量是不是科学总是要先问问有没有科学事实的依据，依据充不充分、可靠不可靠。

3. 求变意识

创新意识还是一种求变意识，这里所说的“变”主要指变革、革新。科学创新是离不开求变的。要知道科学理论并不是一经建立就永恒不变的坚固体系，科学探索得到的真理，既有绝对性，也有相对性：绝对性指它对客观世界有条件的、近似的、相对正确的认识，相对性指它仅在一定范围、一定条件下适用。恩格斯指出，历史的辩证法表明“今天被认为是合乎真理的认识都有它隐蔽着的、以后会露出的错误的方面”。科学发展是不断发现错误、消除错误、逼近正确认识的永无止境的过程，是不断地破旧立新、推陈出新的过程。科学创新也即不断变革的过程，创新意识因此又表现为求变意识。

4. 问题意识

创新意识又是问题意识。培养良好的问题意识是强化创新动机的有效途径。有良好问题意识的人善于提出新问题。有了新问题，就必须加以解决，如果用已有的途径和现成的答案得不出圆满的结果，就必须用新的方法。我们的生活中往往是发展机遇与挑战并存，发展进步与矛盾问题同在，前进的道路上充满了各种风险和挑战，布满了各种荆棘和暗礁。只有脑子里时刻装着一些问题，时刻保持问题意识，才能多一份清醒和自觉。当然，发现问题不是目的，解决问题才是目的，而解决问题又将是一个创新过程。

（三）创新意识的特征

1. 新颖性

创新意识是为了满足未来的社会需求，或是用新颖的方式更好地满足当下的社会需求，创新意识是求新意识。

2. 历史性

创新意识是以提高物质生活和精神生活水平的需要为出发点的，而这种需要在很大程度上受具体的社会历史条件制约。在阶级社会里，创新意识受阶级性和道德观影响制约。人们的创新意识激起的创造活动和产生的创造成果，应为人类进步和社会发展服务，创新意识必须考虑社会效果。

3. 差异性

每个人的创新意识和他的社会地位、环境、氛围、文化、素养、兴趣、爱好、情感志趣等方面都有一定的联系，这些因素对创新意识的产生起到重大影响作用。而这类因素也是因人而异的，因此对于创新意识既要考察社会背景，又要考察其文化素养和志趣动机。

（四）增强大学生创新意识的重要性

1. 创新意识是当今信息时代国家创新体系持续发展的要求

在科技高速发展的社会里，高科技产业成为社会的主导产业，科技人才是经济发展的关键资源，对富有创新意识和创新能力的高素质科技人才的培养是当今知识经济背景下科技进步的要求和科技人才培养的主要目标。

“国家创新体系是与知识创新和技术创新相关的机构和组织构成的网络体系，其主要组成部分是企业、科研机构和高等院校等。”国家创新体系是一个目标明确、组织比较完备的网络系统。这一体系的建设不是一朝一夕的事情，而是一个长期积累发展的过程，需要一代代人艰辛的努力，也需要持续不断的创新型人才，只有这样才能提升国家的科技竞争力，提高国家的综合实力。

创新型人才就是具有强烈的创新精神和创新意识，具有敏捷的创新思维和很强的创新能力，能获得创造性成果，最终有所建树的人才。国家自主创新的关键在人才，创新型人才是国家创新体系赖以维系的根源，创新型人才是建设国家创新体系的主导力量和可持续发展的能源，国家创新体系的每个构成要素都需要创新型人才发挥科技中坚力量。因此，培养具有创新意识的创新型人才是国家创新体系持续发展和永葆生机的需要。

2. 创新意识是高职院校教育发展的需要

高职院校的人才质量标准是培养具有创新精神和实践能力的高级专门人才，高职院校良好的社会声誉要靠自己培养出来的优秀人才和取得的丰硕科研成果来赢得。高职院校人才质量的优劣将直接取决于学生创新素质的高低，创新素质的高低直接影响其在未来市场中的竞争力。那些培养出很多高素质竞争人才的高职院校在社会上的声誉与日俱增，学校的生源必然也会增加，这样必然促进学校的发展。因此，培养具有创新意识的创新人才直接关系高职院校的生存与发展。

创新意识和创新能力是一种认识、人格、社会层面的综合体，涉及人的生理、心理、智力、人格等诸多方面，是人的综合素质和全面发展的外在表现。一方面，培养大学生创新意识是高职院校素质教育的重要内容。人才素质的高低在很大程度上取决于其创新意识和创新能力的高低。创新意识和创新能力是大学生素质中所必备的成分，大学生创新意识和创新能力的培养是高职院校实施素质教育的核心所在。另一方面，培养大学生创新意识是高职院校思想政治教育的创新。思想政治教育的内容是随着社会和现实需要的发展而发展的，以创新意识和创新能力为核心的创新观是现代思想政治教育内容的时代扩充，培养大学生的创新意识是推进高职院校思想政治教育创新的重要任务和内在要求。

3. 创新意识是高职院校学生全面发展的需要

马克思认为，人的全面发展表现为人的能力的全面发展、人的需要的多方面发展、人的社会关系的丰富和发展以及人的个性的发展。从这一理论来看，培养创新意识是实现高职院校学生全面发展的必要准备和必要保证，是高职院校学生实现自身全面发展的需要。

在知识经济时代，知识的陈旧周期不断缩短，知识的增长率加快，知识转化的速度迅猛增加，高职院校学生想要在这种情况下成才就需要掌握涉及面广、潜移性强、容纳度高、概括程度高的“核心”知识，需要高职院校学生有忧患意识，主动发挥自身的创新意识和创新能力。要想在就业饱和的状态下占有一席之地，就必须有创新的意识和能力，这需要大学生树立创新意识、竞争意识，利用所学的知识敏锐地观察就业趋向并把自己武装成与众不同的创新人才，提升自身的竞争力。

第二节　创新能力与技能

“大众创业、万众创新”“两聚一高”把创新提高到国家战略的高度。高质量的发展和转型升级都需要创新。创新到底有什么要求，怎样才能创新？本节将围绕创新能力的定义、原则、内容、途径和方法等方面，进行深入探究并帮助熟练使用培养创新思维的几种技法，培养和激发大学生的创新能力，形成“人人创新”的新态势。

一、创新能力

（一）创新能力的特征

创新是每个人天生具有的能力，你发现问题、解决问题的过程就是自我创新的过程，具体来说创新能力具有两个特征。

1. 综合独特性

观察创新人物的能力构成时会发现没有一个是单一的，都是几种能力的综合，这种综合是独特的，具有鲜明的个性色彩。

2. 结构优化性

创新人物在能力构成上，呈现出明显的结构优化特征，而这种结构是一种深层或深度的有机结合，能发挥出意想不到的创新功能。

（二）创新能力的分类

创新能力是多序列、多层次、多类型的，要进行科学的分类难度相当大，所以至今尚未形成一个成熟、统一的研究结论。以下介绍几种常见的分类方法。

1. 按结构分类

创新能力按结构分类，有思维创新能力与形象创新能力之分，抽象创新能力与具体创新能力之分，技术创新能力与理论创新能力之分等。从单个因素来说，它们各自独立存在，发挥各自的功能；从创新能力整体来说，则各为结构因素之一，具有相互联系、相互对应的关系。

（1）思维创新能力

思维创新能力是创新能力结构的核心，这个核心指创造性思维能力。创造性思维能力是一种较高水平的思维能力。其中最主要的是想象能力和直觉能力。没有想象能力和直觉能力，就没有创造性活动。显然思维创新能力对创新能力的大小、创造成果的多少起着决定性的作用。其他一切创新能力的产生和发展，都有赖于思维创新能力的核心作用。所以，创造性思维是发明创造的基础。创造性人才要靠创新教育者培养其创造性思维才能有效地开发思维创新能力。

（2）形象创新能力

形象创新能力指依靠直观形象思维的能力，它是创造性思维的一种表现形式。人们借助呈现形象进行思考时，已经舍弃了那些偶然的、次要的、表面的东西，在大脑里留下了反映事物本质的、深刻而理性的东西。所以说形象思维蕴含着极其丰富的创新能力。形象创新能力主要表现为对自然形象和人物形象的创造。它包括两种形象思维创新能力，一种是再创造性形象思维创新能力，比如由房屋设计图造出房子形象，由小说再造出人物形象等；另一种是创造假形象思维创新能力，这是比较高级和精细的形象创新能力，它要经过主体自身的分析以及综合、构思和塑造，创造出典型化的形象以及在现实生活中并不存在的想象物，比如鲁迅笔下的“阿Q”“孔乙己”，古代传说中能腾云驾雾、呼风唤雨的飞龙等。

（3）抽象创新能力

抽象创新能力指依靠科学的概念、判断和推理的形式进行抽象思维活动、掌握事物的本质和规律、表达认识结果的能力。抽象思维也是创造性思维的一种表现形式。随着人们认识自然、改造自然水平的提高，对客观事物本质的认识也必然更加深入，因此，在创造活动中，必须培养和发展抽象创新能力，使创造成果达到更深刻、更高级的水平。抽象创新能力的高低对科研成果的取得有着重要的作用。抽象创新能力高的人，在抽象思维过程中，能比较敏捷地区别出事物的真相与假象，通过现象揭露事物的本质；同时舍弃非本质的东西，区别事物基础的东西和派生的东西，抓住事物内部的联系和矛盾，把决定事物本质的东西找出来进行研究，使对具体事物的认识理论化。

（4）具体创新能力

具体创新能力是一个很复杂的概念。马克思曾对“具体”本身下过定义：“具体之所以具体，是由于它是许多规定的综合，因而是多样性的统一。”从这个定义出发，我们可以认为，具体创新能力表现在感性具体和理性具体两方面。感性具体是认识的起点，或感觉、知觉、表象直接综合的结果；理性具体是认识的结果，是在抽象基础上形成的包含着客观事物各种本质属性的统一体的再现。“人们的认识总是由感性具体阶段，经过抽象蒸发掉具体性，整合为能够反映事物本质的各种抽象规定，然后在头脑中再创造包含着各种本质属性的理性具体。感性具体—抽象—综合—理性具体，这就是认识的具体过程。”由此我们可以看出，具体创新能力是从感性具体开始的，经过创造达到理性具体的认识。这里还应当指出，在具体创新能力作用的过程中，存在着两条不同的认识道路：一条是从感性具体上升到抽象；另一条是由抽象上升到理性的具体，即思维中的具体。

（5）理论创新能力

理论创新能力指依据一定的系统知识，遵循特有的逻辑程序进行思维活动的能力。它是以揭示和把握事物的内在本质和一般规律为创造的根本任务，以一系列抽象的概念、判断、推理等为创造的内容，在“超脱”于具体事物的抽象领域中进行的类似抽象创新能力的又一种较为高级的创新能力。理论创新能力主要是在理论思维活动中显示出来的一种创新能力，它有比经验思维更为重要的地位和作用，它体现在自然科学理论创造和社会科学理论创造上。

（6）技术创新能力

技术创新能力指运用基础的科学理论进行思维活动，从而创造出新物质、新产品的能力。我们通常所说的技术创新、技术革新就是这种创新能力的反映，也可以用“发明”来表示。但创新和革新的发明水平是不同的，即有层次之分。有的是全新发明，有的是部分发明；有的是大发明，有的是小发明。但不论何种发明，都以发现为基础。发现是科学研究的成果，成果转化为生产力，对社会的发展具有重大的意义。

可见，技术创新能力的作用是巨大的。要正确认识技术创新能力，还要把握它的3个基本特征：①新颖性，即发明的产品必须具有新颖性，这种新颖性不是创造这个“主管”自封的，而是要得到社会承认的，前所未有的；②先进性，即发明的产品必须具有先进性，先进性指它比现有技术优越，使用起来好处多；③实用性，即发明的产品必须具有实用价值，能切实满足社会需要，而且有良好的效果。

2. 按作用方式分类

创新能力按作用方式分类，分为个人创新能力和集体创新能力（创造合力）。个人创新能力是个人智慧的升华，是不依靠他人直接参与的个人发现、发明和创造；集体创新能力是多人组合甚至是社会力量的共同创造，如一部词典、一项工程技术、一种科研成果或产品等，均可合作创造。特别是在个人难以完成的情况下，更需要合作才能进行成功的创造。

3. 按活动领域分类

创新能力按活动领域分类分为科学创新能力、技术创新能力、文艺创新能力、政治创新能力、教育创新能力、军事创新能力、管理创新能力等。无论在哪个领域，只要有创造性人才的创造性活动，就有相应领域里的创新能力。

4. 按层次分类

创新能力按层次分类一般分为高层次创新能力和低层次创新能力。有人按层次又将其分为 4 种创造性，即“第一创造性”（重大发明创造）、“第二创造性”（根据基础理论发明新产品或革新产品）、“第三创造性”（对前两种发明创造进行论证和开发）、“第四创造性”（自我性的创造）。这些创新能力的创造“力度”不同，创造价值、目标和方法也不一样。

5. 按品质分类

创新能力按品质分类分为积极性的创新能力和破坏性的创新能力。这两种创新能力所产生的作用是完全相反的。前者可推动社会精神文明和物质文明建设，给人类带来幸福；后者会给人类带来痛苦（如制造细菌战等）。当然，按品质分，也有介于两者之间的创新能力，问题是看掌握在哪个统治者手中、为哪些人服务。例如，制造原子弹，既可以限制侵略者的狂暴罪行，也可能给无辜群众带来灾难。我们应鼓励、调动积极性的创新能力的发挥，反对、阻止破坏性的创新能力的滋生和蔓延。

6. 按创造成功的时间分类

创新能力按创造成功的时间分类，一般可分为早期创新能力、中期创新能力、晚期创新能力。早期创新能力指早期成才者（被人们称为“神童”的人）所具有的创新能力，这种创新能力具有极不稳定性；中期创新能力指中青年时期做出发明创造的人所具有的创新能力，这个时期创造成果最多；晚期创新能力指那些大器晚成者的创新能力，大器晚成者在中青年时期没有做出什么成就，但打下了良好的基础，到晚年爆发出惊人的创新能力，获得成功。

这里需要说明的是，以上分类是相对的，不能绝对化、凝固化。随着人才的动态变化，社会人才体系会产生不稳定性，创新能力也就同样处于动态变化之中，往往不是“非此即彼”，而是“亦此亦彼”。

对创新能力进行分类，可以帮助我们深入理解创造性人才的本质，进而有效地实施创造教育，使受教育者的创新能力得到极大的开发，把他们尽快培养成创新性人才。

（三）创新能力的培养

1. 创新能力培养的意义

（1）加强大学生创新能力的培养是社会发展的需要

现代社会是经济实力竞争、经济发展以科技发展为基础、以创新为灵魂的社会。纵观社会发展历史和各国经济的现状，一个国家的强大必定依靠其雄厚的经济实力，经济的发达和进步必源于科技的创新和拥有创新能力的人才。在科技突飞猛进、国际间竞争日益激烈的当今时代，我国政府已把创新作为我国经济发展的关键因素，全面实施科教兴国战略，把教育提到优先发展的地位，并赋予高等教育以“培养具有创新精神和实践能力的高级专门人才，发展科学技术文化，促进社会主义现代化建设”的历史使命，对教育的重视和期望可见一斑。因此，高等学府作为人才的孵化器，应把创新精神和创新能力培养作为人才培养的重点，致力于培养大学生发现问题、分析问题、解决问题等综合创新能力，使他们承担起社会发展赋予的历史使命，使我国具有更强的国际竞争力。

（2）加强大学生创新能力的培养是人才培养和建设的需要

我国人口众多，是典型的人力资源大国，但还不是人才资源强国。我们必须清楚地看到，我国科技落后的现状以及科技创新能力薄弱的事实，因此，培养一大批高素质和具有创新精神、创新能力的专业人才，已成为我国经济建设的当务之急。实施科教兴国战略、大力开发人才资源、实施人才战略都充分体现了党和国家对我国人才建设和培养的重视。科学发展观首先强调必须要有一大批具有创新能力和精神的人才，才能创造更多更好的物质财富和精神财富，才能在激烈的竞争中站稳脚跟，才能更加有效地提高综合国力。

（3）加强大学生创新能力的培养是高职院校蓬勃发展的需要

随着我国高等教育事业改革的不断深入，大学生的入学率有了大幅度的提高。高等教育也从精英教育逐步走向大众化教育。国民素质的确是整体提高了，这对我国经济建设和社会进步起到了积极作用，但快速增长的入学率也给高等教育带来了一系列的问题：一方面，招生规模的不断扩大必定会造成教学资源紧张，导致课堂教学质量下降；另一方面，大量毕业生跨出校门，庞大的就业队伍和社会的接纳能力之间的矛盾，不仅会威胁到社会的稳定，也将影响高等学校自身的健康发展。因此，高职院校在这种时代背景和社会环境下，不得不转变办学思路，用过去传统的理论教学模式来培养现在的大学生，这肯定不能适应社会发展和用人单位的要求，特别是知识大爆炸的今天，大学生没有良好的创新意识和创新能力，很快就会被时代淘汰。高职院校应调整培养目标和方向，把创新教育的新思维、新观念、新体系贯穿到整个教学过程中去，只有在那种不满足于现状、有着强烈求新欲望的氛围和环境下培养出来的大学生，其创新、创造能力才能得到提高和发挥，这才是高职院校办学应有的境界和目标。

2. 创新能力培养的原则

培养大学生创新能力既是实现中华民族伟大复兴的战略抉择，又是大学生自身成长成才的内在需要，涉及价值取向、教育改革、物质保障、社会机制以及人文环境等方面，只有对症下药、多管齐下、综合治理，才能取得实质性的进展。在具体的培养过程中应遵循以下基本原则。

（1）个性化原则

每个人都是一个特殊的不同于他人的现实存在。从某种意义上说，个性化就是创造性的代名词，没有个性，就没有创造。教师要善于激发学生的（求）知欲和创造欲，鼓励学生大胆发言，勤思考、多讨论，在所有的环节中把批判能力、创新性思维和多样性教给学生，培养学生的创新精神，努力创造一种宽松、自由、民主的“教学相长”的良好氛围。

（2）激发性原则

高等教育是培养人才和增强民族创新能力的根本保证。国家和政府早已意识到高职院校创新人才培养的重要性和紧迫性，把创新能力和创新精神培养作为衡量大学生成才的重要依据。我们必须彻底转变传统的教育观，建立起一套能激发大学生创新意识、培养创新能力的教育模式，使大学生创新能力培养机制体系朝着学生成才的方向发展。这一原则更能体现学生个性化发展，树立以人为本的成才理念，不以考试成绩论成败，把多元化人才培养观融入教学中。创新能力培养机制和体系要有利于激发学生的想象力和创造力，鼓励大学生不拘泥于课堂知识和考试内容，更要看重有解决实际问题的能力，善于发现问题和解决问题，在国家未来的建设中发挥出更大的作用。

（3）系统性原则

所谓系统是由相互联系、相互作用的若干要素以一定结构组成，具有一定整体功能的有机整体。根据一般系统论原理，一方面，培养大学生创新能力是一个包括培养创新意识、创新精神、创新思维、创新方法等要素的有机整体，绝不能割裂开来；另一方面，培养大学生创新能力，是一项庞大的社会系统工程，需要政府、学校、家庭、社会等方面的共同参与，封闭式的教育是没有出路的。系统科学理论为我们培养大学生创新能力提供了方法论的启示和指导。

（4）全面性原则

高职院校实施创新教育，就要围绕培养创新性人才的需要，对教育理念、办学体制和模式、教育方法、教育内容、教育环境、教育评价和教学考核等因素进行系统分析、综合改革、整体优化，建立良好的创新教育运行保证机制与体制，用良好的创新教育条件提高创新教育的质量。依据这一原则，实施创新教育要坚持在全校范围内开展多层次、多学科、多种形式的创新活动，营造良好的实施创新教育的环境；坚持创新教育的全体性、全面性、主动性，使大学生创新精神、创造能力等素质得到全面和整体的发展，把学校建设成为培养高素质、创造性人才的孵化基地。

（5）实践性原则

实践是人类所特有的活动，是人类的存在方式。马克思主义认为，实践改变自然，不仅是改变自然物的形态，更重要的是在自然物中关注人的需要、目的和本质力量，使其从"自然之物"转化为"为我之物"，从而创造出按照自然世界本身的运动所难以产生的事物。培养大学生的创新能力，无论是培养的目的、途径，还是最终结果，都离不开实践。遵循实践性原则，就是坚持马克思主义的教育观和人才观。坚持创新是一种创造性的实践，应坚持以实践作为检验和评价大学生创新能力的唯一标准。

（6）进步性原则

所谓创新，就是观念的革新，表现为一种理念的进步、一种方法的改进，其成果具有前瞻性、新颖性、进步性和应用价值性，符合社会的发展方向。开展大学生创新能力培养必须坚持进步性这一原则，培养学生进步的、先进的创新意识，积极进行有利于发展经济、改善与提高人民生活，有利于人类社会稳定和平与安宁的创新活动。此外，还要坚持既抓创造力，又抓思想道德素质培养，教学生学做人、学创造，培养学生的意志、毅力等非智力因素。高等学校培养学生是要让广大学生获得知识，学会思考和主动学习，这也正是大学生创新工作的前提。

（7）协作性原则

所谓协作，指由若干人或若干单位共同配合完成某一任务。大学生的创新能力不止与他们的智力因素有关，非智力因素也在很大程度上影响着他们创造潜能的发挥。个性品质中的协作特征就是这样一种因素。有一个基本的事实就是，现代科学的发展已经让任何一个人都无法在一生当中涉足科学技术的各个方面。要想在现有的科学技术的基础上有所创造，就必须学会与别人进行"信息共享"。由此看来，人的创造性既是一种个人的品质，又是一种社会化的特征。培养大学生的协作精神，首先要培养他们乐观、豁达、开朗的性格，学会与人相处、关心他人；其次，要多让他们参加各种各样的集体活动，学会在一个有竞争的集体中进行工作，学会在与人合作中进行创造。

3. 创新能力培养的内容

（1）学习能力的培养

学习能力既然是人的一种个性特征，那么它的形成和发展就必须在个体的学习活动中才能得以实现，因此学习能力的培养，不管采取什么方法、通过什么途径，作为学习能力的获得者，也就是学习能力的主体，必须直接参与学习活动。一般地，参与得越主动，积极性就越高，学习能力的发展也越快；相反地，任何限制、妨碍主体参与的学习组织活动，对主体学习能力的发展都是不利的。从上述观点出发，任何正确、有效的学习活动，都是学习能力的培养途径；任何有利于调动学生学习积极性的方法都是学习能力的培养方法。在实践中，这些途径和方法的选择，一般应从实际需要出发，有重点地进行基本能力和综合能力的培养，从而达到全面培养学习能力的目的。

（2）记忆能力的培养

记忆是一个复杂的心理过程，主要包括识记、保持、再认与回忆几个基本环节。简言之，记忆是先记后忆的过程。识记是在大脑中留下神经联系的过程；保持是暂时神经联系巩固的过程；再认与回忆是暂时神经联系恢复的过程。记忆的这几个基本环节是相互联系、相互制约的。没有识记就谈不上对知识经验的保持；没有识记和保持，就不可能对经历过的事物进行再认和回忆。因此，识记和保持是再认和回忆的前提和保证，再认和回忆是识记和保持的结果和证明。

①明确记忆目的，提高记忆力

要提高记忆力，首先必须明确记忆的目的。生活实践和心理学的实验表明，在其他条件完全相同的情况下，记忆得越明确，记忆的效果就越好。我们在学习中要专心致志、精力集中，对那些需要记住的信息，要有意识地强化记忆，只有增强记忆的意识，才能使所学的知识记得牢固、记忆永久。

②培养浓厚的兴趣，增强记忆力

兴趣是增强记忆的促进剂，无论是谁，对于自己特别感兴趣的信息和对象，都能显示惊人的记忆。学生的学习更是如此，对自己感兴趣的学科学得顺利、记得容易，得心应手；对厌烦的学科总觉得难学难记、困难重重。这与一个人的兴趣爱好有着密切的联系。一个人对他所感兴趣的信息与对象，会产生高度集中的注意力和观察力，从而记得快、记得久、记得准。我们要培养浓厚的学习兴趣，特别是对那些不重视、不感兴趣的学科，更要努力开创条件。调动学习积极性，培养浓厚兴趣，愿学乐学，这是增强记忆的有效措施。

③掌握科学的方法，提升记忆力

一切记忆都开始于观察，即有意识、有计划、有目的的感知，所以要提高记忆力，就必须进行仔细的观察。观察越仔细，感知越深刻全面，记忆起来就越准确；观察越仔细，理解越深刻，记忆起来就比较牢固，会增强记忆的持久性。细致的观察还能增强记忆的法度。凡是记忆准确而持久的人，他们大都有很强的观察力。所以我们要创造条件，使各种感官并用，提高观察效果，达到提升记忆力的目的。

④激发积极的思维，培养记忆力

思维活动是抽象记忆力的基础，要提高记忆力，就必须进行积极的思维活动。应该指导学生在理解的基础上进行对比，寻找事物间的共性与个性、区别与联系，培养记忆能力，提高记忆效果。

⑤运用联想的规律，激发记忆力

一个人如果不会联想，那么学一点儿知识就仅仅是一点儿知识；如果他善于联想，就能举一反三、触类旁通，产生知识上的飞跃。因此在记忆的过程中，联想起着重要的作用，因为被记忆的事物处于一定的关系与联系之中。记忆与联想的关系极为密切，记忆是联想的基础，联想又是记忆的一种重要方法。

（3）表达能力的培养

表达能力指人把自己的心理活动与别人进行交流的能力，是人们学习和生活必须具备的一种重要能力。表达能力主要包括书面表达和口头表达两方面。在学习中只有准确地交流，才能彼此沟通、相互促进、不断提高；在工作中只有准确地交流，才能与别人合作形成集体力量，规划、主张才能付诸实施并顺利进行，最终变为对人类有价值的财富；在生活中只有准确地交流，才能彼此理解、相互体贴，使生活变得丰富多彩。优秀的表达能力表现为语言准确简明，具有条理性和层次性。例如，口头表达就是把自己想说的事说清楚，使别人能理解，做到语言准确、流畅、清晰。不管口头表达还是书面表达，都要符合逻辑。

学科学习中的表达应尽量使用学科的专业用语，因为专业用语是最科学、最准确和最简明的语言。随着社会的发展、知识经济时代的来临，信息量剧增，数字化成为发展趋势，大量的符号用作语言进行交流，在各个领域的语言都要符合文学修辞的要求，同时还要满足本领域对事物描述的要求，这对人们的表达能力有了更高的要求。所以，在学科教学中要充分重视对学生表达能力的培养。

（4）决策能力的培养

培养决策能力应注意以下 3 点。

①克服从众心理

从众心理指个体对社会的认识和态度常常受到群体对社会的认识和态度的左右，从众行为者的意识深处考虑的是自己的行为能否为大众所接受，追寻的是一种安慰感。从众行为者认为群体的规范、他人的行为是正确的时候，就会表现出遵从；当他认为群体的规范、他人的行为不合适，而自己又没有勇气反抗时，就会被动地表现为依从。从众心理重的人容易接受暗示，他们依赖性强，无主见，人云亦云，容易迷信权威和名人，常说违心的话、办违心的事。决策能力强的人，能摆脱从众心理的束缚，做到思想解放、冲破世俗、不拘常规、大胆探索，因此他们独具慧眼，能发现一般人不能发现的问题，捕捉到更多的成才机遇。

②增强自信心

拥有自信心是具有决策能力者明显的心理特征。没有自信就没有决策。增强自信心首先要有迎难而上的胆量。其次要变被动思维为积极思维。“凡事预则立，不预则废”，平时善动脑筋，关键时敢做决定。最后要培养自己的责任感和义务感，跳出个人的小天地，只有这样，你的自信才能坚实可靠。另外，平时交往应注意选择那些有自信心、敢作敢为的人，时间长了，看得多了，你必然会受到积极的影响。

③决策勿求十全十美，注意把握大局

做事追求十全十美，不想有任何挫折或失误，那只能作茧自缚。如能识大体，把握大局，权衡利弊得失，当机立断，才能尽快达到自己的理想目标。持之以恒，你的决策能力和水平就会很快提高。

（5）社交能力的培养

社交能力指人在发展过程中，进行人际交流和社会交往的能力。卡耐基曾说过，“一个成功的管理者，专业知识所起的作用占15%，而社交能力却占85%”。放眼现实世界，我们确实可以感到成功的管理者或企业家无不和突出的社交能力连在一起。然而，现在有不少大学生不善交际、不会交际，甚至害怕交际，有的到了成年还视交际如险滩。交际作为一种能力也是可以培养的，而且应该重点培养。

4. 创新能力培养的方法

能力是靠教育、培养、训练、磨炼和激励出来的，创新能力更是如此。根据以往的摸索、实践和总结，创新能力培养方法可以用8个字予以概括，即勤学、苦练、实干、恒心。

（1）勤学

学习创新的基本知识，提高自我表象，增强责任感，强化创新动机。

天才、伟人、科学家、发明家、革新家之所以获得成就，是因为他们有独特的思维方式，与常人的差别仅在于一个是创新的思维，另一个是复制性和常规性的思维。创新的思维是完全可以学习到的。开展思维的训练，学会在工作、学习和生活中运用创新的思维方式，把创新的思维方式转化为自己的思维方式。

学习并掌握常用的个体创新技法和群体创新技法。方法就是世界，采用了什么样的思维方式和方法就决定了创新者有什么样的结果。从某种意义上讲，社会的发展取决于方法的进步。个体与群体的创新技法是创新思维转化的工具。在什么情况下，面对什么样的问题、选用什么样的创新技法会决定创新活动的速度和获取创新成果的频率。

(2) 苦练

学了就应练习，学练结合。要成为一个具有创新能力的人，日常的训练十分必要。头脑通过不断地运作就会更加灵活并富有弹性。

练什么？练习想象力，练习思维的扩散能力、联想能力和变通能力，练习创新的构想，要做到“量”中求“质”，先是“量”后是“质”，因为具有创新性的构想往往是从众多的构想中产生的。

(3) 实干

实干就是实践，就是用创新的思维、创新的技法，通过创新活动创造性地解决各类问题。用创新思维去观察事物就会发现大量问题有待解决，例如日本一家柴油企业开展“一日一构想”活动，把企业的生存和发展寄托在员工的创新活动上，要求每个员工每年提出可采纳的构想100条，结果平均每人每年提出300条以上。企业靠员工的“一日一构想”活动，每年的经济效益递增20%以上，企业不断兴旺发达。

(4) 恒心

恒心就是经常化、制度化，把开展创新活动、迅速提升人的创新能力作为一项长期的战略任务来抓。无论对于企业界还是教育界，生存和发展是硬道理。如何发展？唯有创新。不创新就会被淘汰乃至消亡，这是硬道理。

二、创新技法

(一) 特性列举法

特性列举法，最初由美国专家克劳福（Crawford）提出，把问题分解为局部小问题，然后分别解决。把事物的特性分为名词特性、形容词特性、动词特性3大类，分别列举。例如，与水壶相关的名词：身、把、底、口、盖；形容词：红、黄、白、绿、蓝；动词：烧水、保温、携带，列举之后考虑各部分如何改进和创新。又如，计算机主机、显示器、键盘、鼠标等的形状、材质、颜色，各组件的设置，各公司都有所创新。

(二) 设问探讨法

设问法是现代生产中经常使用的一种创造技法，特点是简单易学，还可因地制宜，根据不同需要改换设问的方法。例如，曾经有家生产编席的小公司，由于地毯盛行，编席订货逐年减少，正面临着关门倒闭的危险。公司经理经过反复思考，认为只要设计出一种新颖的编席，订货还是会接踵而来的。

那么，设计新颖的编席该从何处着手呢？有一个员工提出，不妨试用塑料纤维编席子；另一个员工则提出，把黑色席边换成彩色席边。后者比较简单，他们就找来各种彩色布包边，果然十分漂亮，但是感到还不够新颖。有人就提出，如果把闪闪发亮的金丝编织入席边，那一定会更好看。大家对这一方案兴趣极大，结果一种带金丝席边的编席问世了。这种新颖的席子不仅十分畅销，而且还取得了专利。这种用设问开发新产品的方法，是人们经常使用的一种创造技法——设问法。

尽管每时每刻都在产生大量的新产品、新工艺、新方法，但其中绝大多数新产品都是为了满足消费者的某种需要，对原有产品的功能、形状、材质等方面进行革新而成的。例如，针对不锈钢汤匙会烫手这一缺点，如果在匙柄上加装一个木刻滑稽人，不仅可以避免烫手，而且还可以获得到小朋友的喜爱。

当然，革新老产品也不是一件容易的事，人们常常会感到无从下手。设问法可以帮助革新者找到革新的下手处。

设问法是围绕老产品提出各种问题，通过提问，发现老产品存在的问题或者不能满足消费者要求的地方，从而找到需要革新的方面，开发出新的产品。在新产品的开发中，设问的方法有很多，经创造学家研究总结，有两种比较著名，就是5W2H法和七步法。

1. 5W2H法

5W2H法就是从7个方面去设问。这7个方面的英文单词第一个字母正好是5个W和2个H，因此称为5W2H法。这7个方面如下：

（1）为什么需要革新？（Why）

（2）什么是革新的对象？（What）

（3）从什么地方着手？（Where）

（4）什么人来承担革新任务？（Who）

（5）什么时候完成？（When）

（6）如何实施？（How）

（7）达到什么水平？（How much）

2. 七步法

七步法是美国著名的创造学家亚历克斯·奥斯本（Alex Osborn）总结出来的一套设问方法。设问的步骤是：

第一步，确定革新的方针。

第二步，搜集有关资料数据，做革新的准备。

第三步，对搜集到的资料、数据进行分析。

第四步，将自由思考生产出来的各种各样的创造性设想一一记录下来，并构思出革新方案。

第五步，提出实现革新方案的各种创造性设想。

第六步，综合所有资料和数据。

第七步，对实现革新方案的各种创造性设想进行评价，筛选出切实可行的设想。

（三）仿生创新法

仿生创新法就是模仿生物进行发明创造。例如，飞机是模仿鸟类飞行的原理创造的，潜艇是模仿鱼遨游的原理创造的，响尾蛇导弹是模仿响尾蛇跟踪红外线发射体咬人的原理创造的，机器人是模仿人的活动创造出来的智能机器。

美国生物化学家詹姆士·麦克阿瑟（James MacArthur）博士根据血红蛋白也具有开关作用的特性，研制出生物芯片，解决硅芯片容量、性能有限的问题，制造出分子计算机，这是仿生智能的创新。

北京奥运工程主场馆是椭圆形的“鸟巢”，与之相映生辉的是“水立方”膜结构游泳馆。主场馆的外观就像鸟巢，馆内有 91000 个观众座位，无论观众坐在主场馆的哪个位置，到比赛场地中心点之间的视线距离都在 140 米左右。水立方的创意来自细胞组织单元的基本排列形式及水泡和肥皂泡的天然构造。这种在自然界常见的形态从来没有在建筑结构中出现过，作为世界上第一个敢于实现这一结构体系的建筑，水立方为建筑界填补了一项空白。这两座建筑物如今都成为首都北京的标志性建筑，也成为国内外游客到京的必游之地。

（四）联想创新法

没有想象能力的人，不可能有创新能力。联想创新法包括以下 3 种：相似联想、对比联想和接近联想。

1. 相似联想

相似联想创新在研制或寻找浮选新药剂时最有用。具有相同或相似结构性能的药剂对相同或相似的矿物的浮选都可能有效。

2. 对比联想

19 世纪，人们手术后的感染率高达 45%，英国医生利斯特（List）对比研究了很久也没有成果，百思不解中看到法国的生物学家发现食物腐败是因为微生物大量繁殖和坏死的报道，他对比联想，最终找到了手术后感染的原因和解决问题的办法。

3. 接近联想

1891 年，杜里埃·查尔斯·埃德加（Duryea Charles Edgar）为了保证内燃机有效地工作，需要将油与空气均匀混合，思索中，他看到妻子喷洒香水得到启发，发明了发动机的汽化器。

（五）类比创新法

类比创新法包括直接类比、象征类比、人性化类比和幻想类比。

1. 直接类比

直接类比创新指发明者从自然界或已有的技术成果中寻找出与发明对象类似的现象或事物，从中获得启示，从而发明设计出新的项目。例如，鱼骨——针；鸟飞——飞机；蛋——薄壳仿蛋屋顶。

2. 象征类比

象征类比是借助具体的事物形象和象征符号来比喻某种抽象的概念或思想感情的类比。象征类比是直觉感知的，在无意的联想中一旦做出这种类比就是一个完整的形象。针对待解决的问题，用具体形象的东西做类比描述，使问题形象化、立体化，为创新拓展思路。

以下列出几种典型的事物与其象征意义的联想关系，它们不仅可以用在发明创造上，而且在绘画、雕塑、电影、建筑等领域的创新上都有启发作用。

（1）橄榄树——和平。

（2）大炮——战争。

（3）电脑——高科技。

（4）玫瑰——爱情。

（5）玉兰——纯洁。

（6）幼芽——婴儿。

（7）婴儿——希望。

（8）绿叶——生命。

（9）书籍——知识。

（10）钢铁——坚强。

（11）日出——新生。

（12）蓝色——大海。

象征类比在建筑设计中应用较广。例如，设计桥梁要赋予“虹”的象征格调；设计纪念碑、纪念馆要赋予“宏伟”“庄严”的象征格调；而设计展览馆、音乐厅、歌舞厅则要赋予“幽雅”的象征格调。

3. 人性化类比

据说有史以来的大多数发明，都在延伸人自身的器官。电话延伸了耳朵，电视延伸了眼睛，还有机械手、电脑、机器人、智能装置等。

4. 幻想类比

古代神话幻想中的千里眼、顺风耳、一个跟斗十万八千里、拔一根猴毛变一群猴子等，都成了当代的类比科技发明，如雷达技术、遥感技术、航天技术、克隆技术等。

（六）组合创新法

当今世界的重大科技创新，大都是组合创新，即集成创新，原始创新往往只是集成创新中的核心技术，因此必须强调组合创新。

例如，我国重大的"两弹一星"和神舟系列载人航天等科技成果，是组合创新最成功的典范。载人航天飞行技术是由航天技术、信息技术、材料技术、能源技术、生物技术、气象技术和系统科学技术等多种技术构成的，缺一不可。因此"神舟五号""神舟六号"的成功，不是哪一种技术的原始创新，而是多种技术的组合创新。

（七）逆向思考创新法

1819 年，丹麦科学家汉斯·克里斯蒂安·奥斯特（Hans Christian Ørsted）发现通电导体使磁针转动的磁效应。法国科学家安德烈·玛丽·安培（André-Marie Ampère）也有同样的发现。英国科学家迈克尔·法拉第（Micheal Faraday）就想，为什么不能用磁产生电呢？通过十几年的艰苦探索，他于 1931 年成功发现了电磁感应现象，制造出世界上第一台发电机，为人类进入电气时代开辟了道路。

1877 年，美国发明家托马斯·阿尔瓦·爱迪生（Thomas Alva Edison）在改进电话时发现音膜随声音振动，是否能让振动转换为声音呢？经过反复试验研究，他终于发明了世界上第一台留声机。

第三节　创新教育发展研究

创新教育是培养学生创新能力、提高创新意识的关键。本节将围绕如何定位、如何构建创新教育，怎样高效率地培养人才的创新能力进行探讨。

创新教育就是以培养创造型人才为主要目标的教育。创新教育是在教育过程中加入人类创新活动的特征，同时以此为基础，实现受教育者的全面发展和培养创新型人才。创新精神和创新能力的培养是创新教育的两个主要切入点，并在此过程中，培养受教育者运用新知识、新技术、新思想的能力。

创新教育最早由美国教育哲学家约翰·杜威（John Dewey）提出，他针对缺乏创造性的传统教育模式，提出应当采用“科学研究式的、以学生自由发现为主的教学模式”。被誉为“创造教育之父”的奥斯本（Osbome）在1938年提出了“头脑风暴”技法并取得了成功，“发明创造的知识、技巧和经验；创造力训练；创造性教育”是奥斯本创新教育理论的3个主要构成元素。在我国，1943年陶行知先生在《创造宣言》中指出，“处处是创造之地，天天是创造之时，人人是创造之人”，开启了中国创造教育的大门。21世纪，随着教育理论和研究的不断发展，创新教育逐渐成为教育领域的主流趋势，它伴随科技和经济的迅猛发展，日益显示其作用。

一、创新教育的定位

（一）创新教育的认识定位

创新教育的定位可以是多维度的，其中认识定位就是一个十分重要的方面。在创新教育的认识上，教育实践界存在许多误区，澄清这些模糊认识对学校创新教育实践有极为重要的意义。

1. 创新不只是少数天才学生的事

许多教师认为创新是人的高级智慧，非一般学生所能拥有。其实，创新是人的本性，人人都具有创新的潜能与倾向；创新是人生存的需要，只要人存活一天就片刻也离不开创新。问题的关键是我们后天的教育是否尊重、保护并培育了这种潜能，激发、促进并满足了这种需要。《学会生存》曾指出：“教育既有培养创造精神的力量，也有压抑创造精神的力量。”人的创新精神与能力不完全由先天因素决定，后天的教育因素也是重要的决定力量。所以创新教育应具有全体性，应面向每一个学生。

2. 创新不只是自然科学的事

许多人以为创新就是科学发现、技术发明，只有科学教育才能培养人的创新精神与能力。实际上，不仅自然科学需要创新，社会科学与人文科学同样需要创新，特别是在科学技术的负面效应日益显现的今天，科技创新与人文创新更应平衡发展，使未来社会既是高智力的，又是高情感的。不仅如此，自然科学创新也离不开社会和人文思维方式的支持。譬如，长沙九中谭迪敖老师的“哲理诗训练”，既是一种人文创新训练，又支撑了科学创新精神。所以创新教育应具有全域性，应面向每一门学科。

3. 创新不只是课外活动的事

也有许多教师认为，课堂教学的任务就是传授知识，发展知识是课外活动的事。实际上，这种区分是人为地割裂了传承与创新之间的内在联系。创新是整个教育模式、教育制度和教育观念的全局性改变，并不是局部的修改和增减，它应贯穿于课堂教学、课外活动和日常教育生活等方面，成为全部现代教育的精神特质，局部性的教育创新不可能是真正意义上的创新教育。其中课堂教学是创新教育的主渠道，也是学校教育改革的着重点。所以创新教育还具有全面性，是教育系统的整体性改造。

4. 创新不只是智力活动的事

还有一些人认为，创新是一个人的智力表现，高智力必然会有高创新，这也是一种错误认识。创新不仅是一种智力特征，更重要的还是一种人格特征或个性特征，是一个人综合素质的凝结性表现，是一个人的自我超越和自我发展，潜能和价值的充分实现。在人的智力水平相当或恒定的情况下，非智力因素往往起着决定性的作用，许多有创新精神的人并非智力超群，而是非智力的人格特征出众。单纯的智力活动只能培养匠人，而不可能培养大师。所以创新教育还具有综合性，是个体生命质量的全面提升。

5. 创新不只有正面的效果

几乎所有的人都认为，创新是“正面的”“好的”事情，人们可以尽情地去追求。殊不知，创新是一种双刃剑，它既可以成为天使，也可以成为魔鬼；既可以为人类造福，也可以使人类致祸。创新只是工具，并不是方向本身，创新还不能单独成为目的，创新教育也不能代替现代教育的全部，它必须与道德教育整合，培养人的自信心和责任感，把人的创新精神与创新能力引向为人类造福的方向上来。所以创新教育具有双重性，现代教育必须致力于相互整合、兴利去弊。

（二）创新教育的目标定位

教育是为自身素质持续发展以及今后走向社会做准备的教育，教育阶段的创新教育也要为学生未来的持续性创新打基础。那么，具有深厚基础性和广泛迁移性的创新品质究竟包括哪些？这也是创新教育定位应予以优先回答的问题。概括地说，为持续的创新打基础主要包括两方面：一是创新精神的基础，二是创新能力的基础。

创新精神是创新人格特征，是主体创新的内部态度与方向，它包括创新意识、创新情感和创新意志。

1. 创新意识

创新意识是个体追求新知的内部心理倾向，这种倾向一旦稳定化，就成为个体的精神与文化。经验性的研究表明，具有创新意识的人常常不满足于现实，有强烈的批判态度；

不满足于自己，有持续的超越精神；不满足于以往，有积极的反思能力；不满足于成绩，有旺盛的开拓进取精神；不怕困难，有冒险献身的精神；不怕变化，有探索求真的精神；不怕挑战，有竞争合作的精神；有强烈的好奇心、旺盛的求知欲、丰富的想象力和广泛的兴趣等。

2. 创新情感

创新情感是个体追求新知的内部心理体验，这种体验的不断强化，就会转化为个体的动机与理想。经验性研究也表明，有创新情感的人常常是情感细腻丰富，外界微小的变化都能引起强烈的内心体验；人生态度乐观、豁达、宽容，能比较长时间地保持平和、松弛的心态；学习和工作态度认真、严肃，一丝不苟，有强烈的成就感，工作的条理性强；对世间的所有生命都有同情心和责任感，愿意为改善他们的生存状态而尽心尽力等。

3. 创新意志

创新意志是个体追求新知的自觉能动状态，这种状态的持久保持，就会成为个体的习惯与性格。经验性的研究表明，有创新意志的人常常能排除外界的各种干扰，长时间地专注于自己的活动；工作勤奋，行为果断，对自我要求较高，对工作要求较严；善于沟通与协调、组织能力强，有较强的灵活性，为达到目的愿意变换工作的途径和方法；有较强的独立性和自制力，在没有充分的证据和理由之前，不轻易放弃自己的主张，能容忍别人的不同甚至错误等。

创新能力是创新的智慧特征，是主体创新的活动水平与技巧，它包括创新思维和创新活动。

（1）创新思维

创新思维是个体在观念层面新颖、独特、灵活的解决问题的方式。创新思维是创新实践的前提与基础，如果想不到是不可能做得到的。经验性的研究表明，具有创新思维的人能发现常人看不到的问题并能多角度地考虑解决办法；能洞察事物本质并能进行开创性的思考；能合理运用发散与辐合、逻辑与直觉、正向与逆向等思维方式，不走极端，能把握事物的中间状态等。

（2）创新活动

创新活动是个体在实践层面新颖、独特、灵活的解决问题的方式。创新活动是创新思维的发展与归宿，经不起实践检验的思维是无价值的。经验性的研究也表明，具有创新活动能力的人常常是实践活动经历丰富或人生经历坎坷，经受过大量实践问题的考验；乐于动手设计与制作，有把想法或理论变成现实的强烈愿望；不受现成的框框束缚，不断尝试、不断反思、不断纠正；愿意参加形式多样的活动，乐于求新、求奇，乐于创造新鲜事物等。

二、创新教育的核心内容

以培养学生创新精神为首要目标的创新教育的核心内容主要包含以下 3 个方面。

（一）探索精神

坚持对知识“再次发现”的探索式学习观念，本身就是一种科学精神。它要求学生不盲目接受和被动记忆课本或教师传授的知识，而主动地进行自我探索，把学习过程变成一种“再次发现”人类以往积累的知识的参与式活动。科学（包括自然科学和社会科学）是知识系统，学习科学并不是为了记忆和背诵真理，而是为了不断认识和探索真理，教学中强调的应该是“发现”知识的过程，而不是简单地获取结果；要结合课程教学进行知识探源，把握其发展变化趋势；要让学生深刻感受到，任何科学知识都是人类艰苦努力、不断探索的结晶，以此弘扬科学人文精神；要鼓励学习中的探究和怀疑，凡事多问“为什么”。正如著名科学方法论学者波普尔（Popper）所说：“正是怀疑和问题鼓励我们去学习，去观察，去实践，去发展知识。”更重要的学习探索是对知识整体及其联系的把握。知识经济理论学者艾米顿（Emmet）特别推崇印象派画家克劳特·莫奈（Claude Monet）的作品。她指出：“在他之前的艺术家所作的绘画作品都要求你走近画布才能够看清细节，而莫奈和其他印象派画家则不同，他的作品要求你从远处观赏才能看清细节。关键是要看到整体，以及色彩、结构和情绪之间的相互关系，这样才能欣赏一件艺术作品。”我们的传统教学很少教会学生从总体上观察学科知识系统，把握它们相互之间的关系和本质特征，这些正是创新教育鼓励学生以更宽广的视角，从分割的学科课程里“重新发现”的关键所在。

（二）综合能力

从某种意义上讲，综合能力就是将现有知识“重新组合”为新知识的能力，新组合的独特和新颖标志着创新。我们的教育对象将要面对的是一个从学科知识高度分化走向高度综合的社会，国家创新能力的获得，是快速的知识共享与持续的新组合应用的结果。对此，经济学家熊彼特甚至认为，绝大多数创新都是现存知识按照新的方式的组合，他把“创新”与“新组合”视为同义语。所谓知识的“重新组合”就是把原来几种知识联系起来，合成一种综合知识；或者把一种知识拆分成几个部分，然后以新的形式将这些部分重新联系起来，成为具有新特征、新功能、新内容的知识。西蒙顿（Simondon）在《科学天才》一书中写道：“天才们进行新颖组合比仅仅称得上有才能的人要多得多。天才们就像面对一桶积木的顽童，会在意识和潜意识中不断把想法、形象和见解重新组合成不同的形式。”课程学习中的知识重组，通常包括 3 种不同的层次：一是将某学科课程内部的知识进行重组；二是将不同学科课程的知识进行重组；三是将学科课程所包容及未能包容的知识进行重组。3种层次的重组中，后一个比前一个要求更高。课程教学可从第一层次入手，希望学生最终能够自学跨学科和跨课程规定的内容，把进入现代社会所必须了解和掌握的所有知识进行重新组合，融会贯通，运用这种“重组”的知识解决复杂的问题，从而内化为创新精神和创新能力。

（三）创造意识和创造能力

创造意识是驱使个体进行创造行为的心理动机，没有创造意识的人不可能进行创造和发明。许多调查结论都指出，学生普遍具有创造潜能，它不是少数人特有的秉性，在适当的教育下，可能在每一学生个体身上发展和显现。创造意识是创新素质培养的前提，因为创新素质不仅表现为新思想、新技术和新产品的创造发明，而且表现为善于发现问题、求新求变、积极探究的心理取向。创造能力也“绝不仅仅是一种智力特征，更是一种人格特征，一种精神状态，一种综合素质”。创造意识包括强烈的创造激情、探索欲、求知欲、好奇心、进取心、自信心等心理品质，也包括具有远大的理想、不畏艰险的勇气、锲而不舍的意志等非智力因素。逐步培养学生创造“前所未有”事物的能力，则可以从创新层面的“重新发现”，尤其是“重新组合”着手。无论用“无中生有”说明“创造”，还是用“无中生新”描述“创新”，都没有阐明“有”是如何从“无”、“新”是如何从“旧”里产生的。事实上，世界上绝大多数的创造发明都是原有事物的“再次发现”和“重新组合”，产生质变后才表现为“前所未有”“无中生有”，任何人都无法脱离自己的经历凭空设想，即使是科幻作品所“创造”的外星人，也不过是作家思想表象里原有“部件”的“再次发现”和“重新组合”而已。例如，硅元素通常在人们司空见惯的石英砂粒中出现，经过科学家的“再次发现”就创造出半导体晶体管和集成电路，使“砂粒变成了黄金”。再如，中国四大发明之一的火药，无非是按“一硝二磺三木炭”的重新组合，才具有了新功能和新特征；马克思和恩格斯经过继承和扬弃，将英国古典政治经济学、德国古典哲学和法国空想社会主义的合理部分重新组合，从而创造了“前所未有”的马克思主义。

三、创新教育的实施

创新教育的内容大致分为思维教育、发现教育、发明教育、信息教育、学习教育、渗透教育、艺术教育、参与教育、未来教育、个性教育、和谐教育等。

其中，对创新精神的培育是课堂教学的总目标。创新精神主要包括好奇心、探究兴趣、求知欲，对新异事物的敏感，对真知的执着追求，对发现、发明、革新、开拓、进取的百折不挠的追求精神，这是一个人创新的灵魂与动力。创新能力的提升是课堂教育的直接目标，创新能力主要包括创造思维能力、创造想象能力。创造性的计划、组织与实施某种活动的能力，这是创新的本质力量之所在。创新人格完善，是课堂教学与课外引导的主要任务，主要包括创新责任感、使命感、事业心、执着的爱，顽强的意志、毅力，能经受挫折、失败的良好心态，以及坚忍顽强的性格，这是坚持创新、做出成绩的根本保障。

实施创新教育是教育创新的重要环节，但前者必须明确指出如何培养学生的创新精神和实践能力。如果把创新教育的研究内容扩大到教育创新的方方面面，反而会影响实践的效果。毫无疑义，创新教育不仅是教育方法的改革或教育内容的增减，还是教育功能上的重新定位，是带有全面性、结构性的教育革新和教育发展的价值追求。

实施创新教育就是要从培养创新精神入手，以提高创新能力为核心，带动学生整体素质的自主构建和协调发展。而创新精神和能力不是天生的，它虽然受遗传因素的影响，但主要在于后天的培养和教育。创新教育的过程，不是受教育者消极被动地被塑造的过程，而是充分发挥其主体性、主动性使教学过程成为受教育者不断认识、追求探索和完善自身的过程，亦即培养受教育者独立学习、大胆探索、勇于创新的过程。创新教育在课堂教学中的实施具体有以下 6 个方面。

（一）须转变教育观念，培养创新意识

教师观念的转变，是实施创新教育的关键和前提；教师观念不改变就不可能培养出具有创新意识的学生。首先，要认识课堂教学中教师与学生的地位和作用、教与学的关系，发挥教师的主导作用和学生的主体作用，充分调动学生的学习主动性和积极性，使学生以饱满的热情参与课堂教学活动。建构主义理论认为，知识不是通过传授得到的，而是学习者在一定的情境即社会文化背景下，借助他人（包括教师和学习伙伴）的帮助，利用必要的学习资料，通过意义构建而获得的。因此教师在学生的学习过程中应是组织者、指导者、帮助者、评价者，而不是知识的灌输者，不要把教师的意识强加于学生；而学生是教学活动的参与者、探索者、合作者，学生的学习动机、情感、意志对学习效果起着决定性作用。其次，在教学方法上也要把传统的注入式改变为启发式、讨论式、探究式，学生通过独立思考，处理所获得的信息，使新旧知识融会贯通，建构新的知识体系，只有这样才能使学生养成良好的学习习惯，从中获得成功的喜悦，满足心理上的需求，实现自我价值，从而进一步激发他们内在的学习动机，增加创新意识。

（二）营造教学氛围，提供创新舞台

课堂教学氛围是师生即时心理活动的外在表现，是在师生的情绪、情感，教与学的态度，教师的威信，学生的注意力等因素共同作用下所产生的一种心理状态。良好的教学氛围是由师生共同调节控制形成的，实质就是处理好师生关系、教与学的关系，真正使学生感受到他们是学习的主人，是教学成败的关键，是教学效果的最终体现者。因此教师要善

于调控课堂教学活动，为学生营造民主、平等、和谐、融合、合作、相互尊重的学习氛围，让学生在轻松、愉快的心情下学习，鼓励他们大胆质疑、探讨解决问题的不同方法。亲其师，信其道，师生关系融洽，课堂气氛才能活跃，只有营造良好的教学气氛，才能为学生提供一个锻炼创新能力的舞台。

（三）训练创新思维，培养创新能力

大学生创新创业教育问题、观点产生新的发现、新的解决方法、新的见解。它的特征是超越或突破人们固有的认识，使人们的认识“更上一层楼”。因此创造思维是创造能力的催化剂，提问是启迪创造思维的有效手段。因此教师在课堂教学中要善于提出问题，引导学生独立思考，使学生在课堂上始终保持活跃的思维状态，通过特定的问题使学生掌握重点、突破难点。爱因斯坦曾说过：“想象力比知识更重要，因为知识是有限的，而想象力概括着世界上的一切，推动进步，并且是知识进化的源泉。”想象是指在知觉材料的基础上，经过新的配合而创造出新形象的心理过程。通过想象可以使人们看问题能由表及里，由现象到本质，由已知推及未知，使思维活动起到质的飞跃，丰富的想象力能“撞击”出新的“火花”。因此在教学过程中要诱发学生的想象思维。

（四）掌握研究方法，提高实践能力

科学的研究方法是实现创新能力的最有效手段，任何新的发现、新的科学成果都必须用科学的方法去研究，并在实践中检验和论证。因此教师要使学生掌握科学的探究方法，其基本程序是：提出问题——做出假设——制订计划——实施计划——得出结论。课堂教学中主要通过实验来训练学生的实践能力，但尽量改变传统的演示性实验。另外，应可以向学生提供一定的背景材料、实验用品，让学生根据特定的背景材料提出问题，自己设计实验方案，通过实验进行观察、分析、思考、讨论，最后得出结论，这样才有利于培养学生的协作精神和创作能力。有时实验未获得预期的效果，此时教师要引导学生分析失败的原因，找出影响实验效果的因素，从中吸取教训，重新进行实验，直到取得满意的效果为止。这样不仅提高了学生的实践能力，而且培养了学生的耐挫能力。

（五）教师应具备的能力和知识结构

在现代社会，知识量的增大及更新换代加速、新学科的涌现促进了教学内容的革新和课程改革，呼唤着教育终身化，不断学习成为现代人的必然要求。教师作为知识的传授者，更要适应现代教育的发展需求，不断学习新知识、不断更新自己的知识结构。继承是学习，创新也是学习。教师要提高自学能力，必须要做到：能有目的地学习；能有选择地学习；能独立地学习；能在学习上进行自我调控，最终走上自主创新性学习之路，以学导

学、以学导教。同时，教师知识结构必须合理，现代社会的教师不能仅用“昨天”的知识教“今天”的学生去适应“明天”的社会，作为教师除了拥有广博的科学文化知识，更要有心理学、教育学知识，要掌握现代信息技术，才能适应现代社会发展的需要，才能更好地当好教师，教好学生。

（六）须利用新的信息，触发创新灵感

在现代社会，教师要培养学生收集和处理最新信息的能力。科学技术的迅猛发展，新技术、新成果的不断涌现，瞬息万变的信息纷至沓来，令人目不暇接。只有不断地获取并储备新信息，掌握科学发展的最新动态，才能对事物具有敏锐的洞察力，产生创新的灵感。否则，创新将成为无水之源、无土之木。因此，要引导学生通过各种渠道获取新信息。例如，通过图书、电视、报纸、互联网、社会调查等获取信息，为创新奠定坚实的知识基础，这样才能在科学领域高屋建瓴，运筹帷幄，驾驭科学发展的潮流，才能使创新能力结出丰硕的果实。

四、创新教育的现状、问题及对策

（一）创新教育的现状及存在的问题

1. 高职院校创新教育现状

高职院校是我国创新型人才培养的主阵地。近年来，各高职院校已逐步把培养创新型人才作为办学的主要目标。

目前，大学生创新教育途径与形式总体可分为两类：一是通过特定课程；二是组织相关竞赛。很多高职院校对在校学生开设了培养创新思维、提高动手能力的课程，这些课程大多门槛较低，没有太多专业限制，全校学生都可选修，可有目的、有方向地对学生进行创新能力培养的引导。有些学校也将创新教育渗透到了日常教学中，但是这种方式专业局限性较强、受众较少。同时，高职院校设立多种单学科和跨学科竞赛，如数学建模竞赛、电子设计竞赛、机械设计竞赛、结构设计竞赛、计算机程序设计竞赛、创业大赛、“挑战杯”竞赛等，通过参加竞赛，学生可以直接体会科技创新的效果，激发他们对创新的热情。

2. 大学生创新教育存在的问题

（1）人才培养质量的评价方式与创新型人才的培养目标不尽匹配

长期以来，由于我国人口数量众多、教育经费投入有限、优质教育资源稀缺、教育发展水平不均衡，考试、考核方式在教育领域的人才培养质量评价中占据着主导地位。考

试、考核的评价方式具有组织成本低、评价效率高、公平性较好等优势，在人才选拔和评价过程中也发挥了重要作用。但是考试、考核方式重视规范化、正确率，强调标准答案、正确答案，往往会扼杀学生的个性、创造性和想象力，这种方式与创新型人才的培养目标是不尽匹配的。

(2) 教师的观念水平与创新型人才的培养需求仍有差距

在创新型人才的培养过程中，教师的观念水平是影响人才培养质量的重要因素。只有教师重视创新教育，具备创新意识、创新能力，才能够培养出创新型人才。然而目前，高职院校中部分教师仍然将科研当作最重要的工作，科研中的创造性没有应用到教学当中，导致教师成为创新型人才培养过程中的薄弱环节。现阶段，我国高职院校教师队伍虽然在不断地增强，但新任教师的高学历者大多缺乏教育经验，使得其培养创新型人才的优势没有得到充分发挥。

(3) 教学内容与创新型人才的成长规律不尽符合

当前，高等教育改革在不断深化推进，但高职院校教学内容方面的创新改革力度仍显不足，教材内容仍以旧知识为中心，国际上最新的研究成果和理论较少能在教材中相应更新，这就使得教学内容很难跟上科技进步的步伐。同时，创新型人才培养需要多学科、多知识点的相互结合，然而目前的高职院校教育仍然保留了较为严重的理工科与文科的区分界限，自然科学和人文社会科学结合较少。此外，教学与科研脱节，很多高职院校没有把本科生科研纳入教育计划，本科生参与科研和创新活动的机会不足，教师对学生的科研指导也显得不够。这种状况与创新型人才的成长规律是不相符合的。

(4) 科技创新活动的组织管理与创新型人才的培养过程未能衔接

目前，我国的大学生科技创新实践活动以科技类竞赛为主。虽然竞赛五花八门，但仔细来看，高职院校科技创新活动仍存在形式单一、效果不佳的问题。首先，高职院校科技创新竞赛的普及度仍然不够，参与人数较少，参与范围大多局限于理工科的少数学生中，并没有形成良好的科技创新氛围；其次，诸多科技创新竞赛存在着重短期效益、功利性强等弊端，学生突击完成作品参赛，使得参赛作品科技含量低、周期短、连贯性差，不利于长远发展；最后，当前的科技创新竞赛还存在独创性不足、过度依赖指导教师的现象，这些问题都表明大学生的科技创新活动还存在缺陷和不足。

(二) 影响学生创新的心理因素

1. 思维定式

心理定式是指心理上的“定向趋势”，它是由一定的心理活动所形成的准备状态，对以后的感知、记忆、思维、情感等心理活动和行为活动起正向或反向的推动作用。

思维定式也称“惯性思维”，是由先前活动造成的一种对活动的特殊心理准备状态，或活动的倾向性；是按照积累的思维活动经验教训和已有的思维规律，在反复使用中所形成的比较稳定的、定型化了的思维路线、方式、程序、模式（在感性认识阶段也称作“刻板印象”）。在环境不变的条件下，定式使人能够应用已掌握的方法迅速解决问题。而在情境发生变化时，它则会妨碍人采用新的方法。消极的思维定式是束缚创造性思维的枷锁。

思维者具有力求将各种各样问题情境归结为熟悉的问题情境的趋向，表现为思维空间的收缩，带有集中性思维的痕迹。比如学习立体几何，应强调其解题的基本思路，即空间问题转化为平面问题。又如学因式分解，必须掌握提取公因式法、十字相乘法、公式法、分组分解法等常规的方法。解决问题的步骤要符合规范化要求。比如解几何题，怎样画图、怎样叙述、如何讨论等，甚至如何使用“因为、所以、那么、则、即、故”等文字，都要求清清楚楚、步步有据、格式合理，否则就会乱套。

思维定式对问题解决既有积极的一面，也有消极的一面，它容易使我们的思想产生定向性，养成一种呆板、机械、千篇一律的解题习惯。当新旧问题形似质异时，思维的定式往往会使解题者步入误区。

大量事例表明，思维定式确实对问题解决具有较大的负面影响。当一个问题的条件发生质的变化时，思维定式会使解题者墨守成规，难以涌出新思维、做出新决策，造成知识和经验的负迁移。

从思维过程的大脑皮层活动情况看，定式的影响是一种习惯性的神经联系，即前次的思维活动对后次的思维活动有指引性的影响。所以，当两次思维活动属于同类性质时，前次思维活动会对后次思维活动起正确的引导作用；当两次思维活动属于异类性质时，前次思维活动会对后次思维活动起错误的引导作用。

2. 服从权威

1961 年，耶鲁大学心理学助理教授斯坦利·米尔格兰姆（Stanley Milgram）做的心理学实验，证明人类有一种服从权威命令的天性，对于服从的研究，早在米尔格兰姆之前也有不少人做过。比如有研究表明，如果研究者以权威人士的口气命令受试者切下小白鼠的头，有 70%的人会这样做；如果以医生的装束命令受试者做一些怪异的动作，大部分人都不会反抗。

3. 从众心理

从众心理指个人的观念与行为由于在群体的引导和压力下，不知不觉或不由自主地与多数人保持一致的社会心理现象，通俗地说就是“随大溜”。

从众指个人受到外界人群行为的影响，而在自己的知觉、判断、认识上表现出符合公众舆论或多数人的行为方式。通常情况下，多数人的意见往往是对的。从众服从多数，一般是不错的。但缺乏分析、不做独立思考、不顾是非曲直的一概服从，则是不可取的，是消极的“盲目从众心理”。

从众原因有几下几点。

（1）行为参照。在情境不确定的时候，其他人的行为最具有参考价值。

（2）对偏离的恐惧。木秀于林，风必摧之。

（3）与群体融合的需要。与群体成员保持一致可以使人更容易被成员所接受。

（4）群体的凝聚力。对自己的群体有强烈的认同感。

从众有这样 3 种表现形式：一是表面服从，内心也接受，即口服心服；二是口服心不服，出于无奈只得表面服从，违心从众；三是完全随大溜，谈不上服与不服的问题。就从众心理的客观影响来看，既有积极意义，也有消极意义，主要看从众行为的具体内容。由于学生的知识、经验不足，自制能力不强，因此在多数情况下，从众行为不同程度地带有盲目性。

4. 功能固着

功能固着是一种心理上的阻塞，指人们把某种功能赋予某种物体的倾向，它可以通过抑制人们对事物的创新意识，对问题解决产生不利的影响。一个人初次看到的功用越重要，就越难看出它的其他用途，越难产生创新思维。

在一次课堂教学活动中，老师拿出一支蜡烛、一枚图钉、一盒火柴，要求学生利用这 3 个条件，把蜡烛点燃，固定在直立的墙壁上。全体学生思考了很久，无人能想出解决这个问题的方法。

这是一个趣味实验，解决这个问题的方法很简单，只需用火柴把蜡烛点燃，然后用图钉把空火柴盒固定在墙上，再用蜡油把蜡烛粘在火柴盒上就解决了。

大家之所以没能想出这一解决问题的方法，原因是他们在思考解决问题的过程中，只是把火柴盒看作装火柴的盒子，而没想到它还可以用来固定蜡烛。“功能固着”现象使我们趋向于以习惯的方式运用物品，从而妨碍以新的方式来解决问题。

认定原有的行为就不会再去考虑其他方面的作用。功能固着的产生原因包括心理因素和行为习惯。当个体在遇到新出现的问题时，总是容易用过去处理这类问题的方式或经验来对待和解决新的问题。如果在一切条件都没有发生变化的情况下，运用已有的经验和方法会使问题得到迅速解决，提高工作和学习效率。但是如果在条件已经发生变化的情况下，仍然照搬过去的老办法，以固定的模式应对多变的生活和学习，就会走许多弯路，使问题不能很好地解决。

个体对某种物体的通常用途越熟悉，就越难发现这种物体在其他方面的新功能。例如，发卡是女同学用来卡头发的，所以有些人想不到它可以充当螺丝刀拧螺丝钉；尺子是用来测量物体长度的，有些人则想不到它还可以做指挥棒；有些人手中有尺子则能测量物体的长度，没有尺子则完不成任务等，都是受物体的一般固定功能所限制。

遇到问题能从不同的角度和方面考虑，会使问题更加容易解决，对于培养我们的创造力有着特殊的意义，还可以增强一个人的自信心和探索新问题的勇气。那么怎样才能消除功能固着的消极影响呢？

（1）遇到问题时能随机应变，多变换角度去思考问题，寻找答案，锻炼思维的灵活性。

（2）善于运用问题现场所提供的条件和物品，因地制宜、因陋就简地解决当前所面临的问题。

（3）在思考和解决问题的过程中，能够把有关的信息向各个方向、各个方面扩散，以此引出更多的信息，以多种设想，找出多种解决问题的方案，而且每种方案都切实可行。

（4）丰富自己解决实际问题的经验，因为解决问题是以知识和实际经验为前提的。这就要求我们不仅对周围事物的通常用途特别熟悉，而且对其他用途也十分清楚，只有这样才能在解决问题的过程中应付自如。

（5）我们既要有常规的解决问题的方法，又要养成勤于动脑和善于思考的好习惯。

（三）完善创新教育的对策建议

1. 加大创新教育的政策扶持及投入力度

近年来，我国高职院校教育投入逐年增加，但是创新教育并没有得到更多实惠。究其原因是高职院校教育投入增长主要用于扩大招生、扩建校舍等“量”的增加上，而在创新教育等“质”的提高上，投入和支持力度还不够。要想让创新教育真正落到实处，不仅要有宏观的政策支持，还要有微观的实施方案。各级教育主管部门要切实增加对创新教育的政策扶持和投入力度，以制度化的方式确保创新教育的投入。例如，增加对创新教育课程和实践性教学环节的研发和投入，改善教学实验设备，加强对创新实践活动的投入，增加教师、学生参加学术交流活动的经费等。

2. 建立更加完善的人才培养质量评价体系

在网络信息技术日新月异、知识更新速度前所未有的今天，社会的发展和进步需要更多具有较高学习能力和创新能力的高素质人才。培养创新型人才，教育主管部门和高职院校要鼓励学生摒弃寻找标准答案的思维方式，敢于发散思维、勇于实践探索；要积极营造鼓励创新、接受失败的良好氛围，给学生尝试、探索和实践的机会，允许并宽容他们的失败，同时努力教会他们从失败中分析原因、获得成长；要建立更为科学全面的人才培养质量评价方式，打破考试、考核定终身的评价方法，注重和加强对培养过程的考察，对评价结果的科学分析和追踪，从评价方法、组织方式和评价效果等方面入手进行研发，不断提高评价的质量和信效度。

3. 加强师资队伍的思想建设与能力建设

培养创新人才，师资队伍是关键。一个好的教师应该是一个“杂家”，广阔的知识面会潜移默化地影响日常教学内容和教学方式，并能激发学生的好奇心和求知欲，也利于指导学生进行创新实践。高职院校要加强对教师进行新理念、新知识、新技术的培训，以促进教师教育、教学观念的转变。在教学目标上，不仅要传授知识，而且要训练技能、发展智力，培养学生良好的思维品质和健康个性，体现认识、情感、技能、目标的统一；在教学关系上，突出学生的主体地位和主动意识；在教学过程中，关注每个学生，充分发掘每个学生的潜能；在教学内容上，从知识、能力、品德、方法等方面研究教材、挖掘教材、把握教材、处理教材，从而使教师转变教育观、教学观、课程观、质量观、评价观。

4. 改革人才培养的教学模式与教学方法

从发达国家的教学经验来看，创新型人才的培养需要适度弱化学科之间的界限，注重学科间的结合，通过开设跨学科课程、提倡学生自主学习，鼓励学生提出问题、互相讨论，甚至与教师探讨争论，来培养学生的创新思维和能力。为此，要改变传统的讲授式教学，提倡启发式教育，指导学生学会自主式、研究式学习。在教学内容上，应进一步拓展延伸，除了课堂讲解之外，要鼓励学生课下进行拓展阅读和自学；在教学方法上，要增加基于实际问题的案例教学、小组讨论等方式，鼓励学生与教师进行讨论，充分调动学生的积极性，激发学生的内在潜能；在思维方法上，要引导学生系统地学习历史上的科学技术成就，建立批判思维，要在继承以往科学技术贡献的基础上进行超越和创新，努力站在前人的肩膀上攀登新的高峰。

5. 加强创新实践活动的组织管理与指导支持

创新人才的培养离不开实践活动。高职院校应进一步加强和改进创新实践活动，结合学校的学科特点以及学生的实际情况，设计组织不同类型和层次的创新实践活动，使更多学生受益。在实践中，可以开展 3 个层次的创新活动：第一层次为科技普及活动。对参加者没有特殊能力要求，适合绝大多数学生参加，比如“科技展览”“科普宣传”“学术论坛和讲座”等。第二层次是学科竞赛活动。要求参与者基于一项能力开展深入钻研和实践。第三层次是跨学科的竞赛活动。要求参与者具备较强的综合能力和创造力，融合多学科知识开展创新创造。同时，重点要加强对学生的创新过程指导和成果转化，引入行业协会、企业以及投资基金等专业资源的指导与支持，切实帮助学生提高创新实践活动的科学性和实效性，使学生不仅停留在“积极参赛、努力拿奖”的阶段，而且能够围绕某一领域进行深入研究并形成有价值的研究成果，从而在创新实践过程中增强对创新创造的理解，切实提高创新创造能力。

第二章　创业基础与机遇的识别

创业机会识别是创业付诸实施的前提，因此创业与创业机会的识别是创新创业教育的重要基础。本章就创业与创业机会的识别与风险把控等内容进行详细探究。

第一节　创业基础概述

一、创业的含义

（一）创业的基本概念

创业指创立基业或创办事业，也就是自主地开拓和创造业绩与成就，是愿意吃苦、有创新精神的人，通过整合资源、捕捉商机，并且把商机转化为盈利模式的过程。创业有狭义和广义之分：狭义的创业指创业者的生产经营活动，主要是开创个体和家庭的小业；广义的创业指创业者的各项创业实践活动，其功能指向是成就国家、集体和群体的大业。

（二）创业专家释义

杰弗里·提蒙斯（Jeffry A. Timmons）所著的创业教育领域经典教科书《创业创造》（*New Venture Creation*）给创业赋予了这样的定义：创业是一种思考、推理，并结合运气的行为方式，它为运气带来的机会所驱动，需要在方法上全盘考虑并拥有和谐的领导能力。

科尔（Cole）把创业定义为发起、维持和发展以利润为导向的、企业的、有目的性的行为。史蒂文森（Stevenson）、罗伯茨（Roberts）和古鲁斯贝克（Grousbeck）提出，创业是一个人——不管是独立的还是在一个组织内部，依靠运气追踪和捕捉机会的过程，这一过程与其当时控制的资源无关。

二、创业者类型分析

《科学投资》杂志曾经对上千例创业者的案例进行分析，发现创业者基本可以分成以下 3 种类型。

（一）生存型创业者

生存型创业者大多为下岗工人、失去土地或因为种种原因不愿困守乡村的农民，以及刚刚毕业找不到工作的大学生。这类创业者成为中国数量最大的一个创业群体，占中国创业者总数的 90%。这些创业者的主要目的是谋生、混口饭吃。一般创业的范围局限于商业贸易，少量从事实业，大多数是规模较小的加工业。

（二）变现型创业者

变现型的创业者一般分为两种：一种是过去在党、政、军、行政、事业单位中拥有一定权力；另一种是在国企、民营企业担任经理等重要岗位，并且任职期间积累了大量的社会资源及人脉资源，在遇到机会，或时机适当的情况下开办公司或企业。

在 20 世纪 80 年代末至 90 年代中期，第一种类型的创业者较多；现在则以第二种类型的创业者为主。

（三）主动型创业者

主动型创业者可细分为两种：一种是盲动型创业者；另一种是冷静型创业者。盲动型创业者大多极为自信，做事冲动。这种类型的创业者，往往也是博彩爱好者，喜欢买彩票、希望以小博大，而且不太喜欢检讨成功概率。这样的创业者较容易失败，但如果能够成功，往往能成就一番大事业。冷静型创业者是创业者中的精华，其特点是谋定而后动，不打无准备之仗，或是掌握资源，或是拥有技术，一旦行动，成功的概率通常都会很高。

三、创业的常见模式

创业是复杂而灵活的，创业者必备的基本素质就是把握创业的机遇，既能承担风险，又要具有创造性。创业是自身价值的实现，同时又需要投入必要的时间和精力，那么在如今的环境中都有哪些常见的创业模式呢？

（一）网络创业

网络创业即有效利用网络资源进行创业。网络创业主要包括两种形式：网上开店，即在淘宝、京东等网络商城注册成立网络商店；网上加盟，以某个电子商务网站门店的形式经营，利用母体网站的货源和销售渠道。

（二）兼职创业

兼职创业即在工作之余再创业。例如，教师、培训师可选择作为兼职培训顾问；业务员可兼职代理销售其他产品；设计师可自己开设工作室；编辑、撰稿人员可向媒体、创作方面发展；会计、财务顾问可代理做账、理财；翻译可兼职口译、笔译；律师可兼职法律顾问和事务所；策划师可兼职广告、品牌、营销、公关等咨询工作。此外还可以选择特许经营加盟、顾客奖励计划等。

（三）团队创业

团队创业指有共同兴趣或者具有资源互补性的成员组成团队进行创业。事实证明，如今社会发展迅速，创业环境也在不断变化，在这种情况下团队创业成功的概率要远高于个人独自创业。一个由研发、技术、市场融资等人才组成、优势互补的创业团队是创业成功的法宝，对于高科技创业企业来说更是如此。

（四）大赛创业

大赛创业即利用各种商业创业大赛，获得资金提供平台，如雅虎（Yahoo）、网景（Netscape）等企业都是从商业竞赛中脱颖而出的，因此大赛创业也被形象地称为“创业孵化器”。表 2－1 列示了一些国内具有一定规模的、常见的创业大赛。

表 2－1 国内常见的创业大赛

序号	名称	主办方
1	“挑战杯”全国大学生系列科技学术竞赛	团中央、教育部等部委及省级政府
2	中国“互联网＋”大学生创新创业大赛	教育部
3	全国大学生电子商务三创挑战杯	教育部高等学校电商专业教学指导委员会
4	全国大学生网络商务创新应用大赛	中国互联网协会
5	中国创新创业大赛	科技部、教育部、财政部

（五）概念创业

概念创业即凭借创意、点子、想法进行创业。当然，这些创业概念必须标新立异，至少在打算进入的行业或领域中是一个创新。只有这样才能抢占市场先机、吸引风险投资商的眼球。同时很重要的一点是这些超常规的想法还必须具有可操作性。

（六）内部创业

内部创业指在企业的支持下，有创业想法的员工承担公司内部的部分项目或业务，并且和企业共同分享劳动成果的过程。这种创业模式的优势是创业者无须投资就可获得充足的资源，这种“大树底下好乘凉”的创业方式优势明显，受到很多创业者的青睐。

四、创业的常见发展阶段

（一）生存阶段

生存阶段是以产品和技术来占领市场，在这一阶段，创业者只要有创业的想法，产品或技术有市场，就能够打开一定的销售渠道，并占据一席之地。

（二）公司化阶段

公司化阶段是以规范化的管理来增加企业效益，这一阶段需要创业者将创业的想法提升到思考的高度，而原先单一的销售关系就转变成多渠道的建设，公司的销售逐渐转变，依靠渠道来完成，团队初步形成。

（三）集团化阶段

在集团化阶段依靠的是企业的硬实力，即产业化的核心竞争力，整个集团和子公司形成系统平台，依靠不同的团队，通过系统平台来完成管理。在此阶段销售变成了营销，区域性渠道转变成多个地区性的网络，从而形成成熟的企业销售系统。这是许多创业者梦想达到的状态。

（四）集团总部阶段

集团总部阶段是一种无国界的经营，俗称跨国公司。集团总部的系统平台和各子集团的运营系统形成一个体系。集团总部依靠的是一种可跨越行业边界的无边界核心竞争力（软实力）；子集团形成的是行业核心竞争力（硬实力）。这样将使集团在其所在行业取得它们在单兵作战的情况下无法取得的业绩水平和速度。这也是企业发展所能追求和达到的最高境界。

五、创业的注意事项

（一）积极利用现有资源

不少在职人员都选择了与工作密切相关的领域进行创业，工作中积累的经验和资源是最宝贵的创业财富，要善于利用这些资源。

切不可乱用资源，在职创业人员不能将个人生意与单位生意混淆，更不能因个人利益而损害公司的利益，否则不仅要冒道德上的风险，甚至可能会受到法律的制裁。

（二）寻找合作伙伴

一些上班族具备投资资金或有一定的业务渠道，但苦于分身无术，因此会选择合作经营的创业方式。这种方式虽能够分担兼职创业人员的压力，但要慎重选择合作伙伴，首先要志同道合，其次要相互信任。此外，与合作伙伴之间的责、权、利一定要分清，最好形成书面文字，有合作双方和见证人的签字，以免发生纠纷时空口无凭。

（三）细致准备必不可少

创业是一项庞大的工程，涉及融资、选址、营销等诸多方面，因此在职人员创业前，一定要进行细致的准备。通过各种渠道增强创业所需的基础知识；根据自己的实际情况选择合适的创业项目，为创业开一个好头；撰写一份详细的商业策划书，包括市场机会评估、盈利模式分析、开业危机应对等，并摸清市场情况，知己知彼，打有准备之仗。

（四）尽量利用相关政策

政府部门会颁布一些鼓励创业的政策，创业者一定要注意充分利用这些政策，如免税优惠、在某地注册企业可享受比其他地区更优惠的税率等。这些政策可大大减少创业初期的成本，同时也有效降低创业风险。

（五）经商之道，以计为首

商业经营活动，从表面上来看像一种仅同物质打交道的经营活动。但是透过现象看本质，如今的商业经营活动实质上已经变成一种智力角逐，是一场“斗智斗勇”的“智力游戏”，是人与人之间的谋略大比试。正如古代军事家所说的“用兵之道”一样，经商之道也应该“以计为首”。面对激烈的市场竞争，创业者一定要找准自己的立足点和切入点，只有这样才能站稳脚跟、生存下来、谋取利益、发展壮大。因此创业者必须首先考虑如何运用自己的商业智慧制定全面系统的、可执行的、可操作的，以及切实有效的经营策略和实施方案，确保每战必捷，战无不胜。

（六）应对失误

创业者在创业过程中可能因为某项决策不合理而导致经营失败；可能会因为疏忽等原因造成损失，如因发错货物、服务不周等导致失去客户。当创业者的决策和经营失误时，不要对失误过于在意。作为创业者，要具备承受不良后果的心态和气度，对于已出现的失误，要接受事实，并从中吸取教训，避免再次发生同样的问题。

（七）不要被胜利冲昏头脑

当创业者依靠好创意、合适的时机、良好的业务关系等取得了一定的成绩时，切记不要被阶段性的胜利冲昏头脑。在之后的业务中依然要保持谨慎的态度，特别是在资金投入、运营管理等对企业很重要的方面。

第二节　创业机遇的识别

创业者要有梦想，就用自己的方式去识别创业机遇。创业机遇的识别首先就是实物的创新。我们要有一个真正创新的点。这个创新的点，并不是你随便想出来的一个小窍门或是比较有意思的想法，而是当你有了创新点后，考虑如何把你的能力或是企业的能力与识别到的创业机遇相结合。

好的开始是创业成功的一半。创业者在寻找生财之道时，如何选准项目、避开陷阱、稳中求胜，很值得创业者思考。

一、产生创业构想，识别创业机遇

（一）什么是创业构想

创业构想就是一个人或者组织识别到创业机会并因此而产生的一系列思维活动。好的创业构想是创造商业机会和创业成功的第一步。一家成功的企业既要满足顾客的需要，又要创造价值；既要向人们提供想要的产品或服务，又要为创业者带来利润。

企业想法应当包括：

（1）你的企业将销售什么产品或服务？

（2）你的企业将向谁销售产品或服务？

（3）你的企业将如何销售产品或服务？

（4）你的企业将满足顾客哪些需要？

这里有两点需要说明：尽管创业构想是首要条件，但它只是一个工具，无论想法本身有多好；但是想要成功还是不够的，还需要转化它为有价值的商业机会。

（二）为什么要产生创业构想

创业者和想要成为创业者的人需要产生创业构想是有很多原因的，以下列举的仅是一部分原因。

（1）一个好的创业构想是成功创办一个企业的基本要素，在创办企业之前和以后都是必需的。

（2）对市场需求的反应。市场是由那些有需求的消费者组成的，创业者和企业能够通过满足有购买力的消费者而获得利润。

（3）对流行趋势和需求变化的反应。由于流行趋势和需求变化会产生新的商机，创业者可以采用新的想法、产品和服务来满足需求，把握机会。

（4）走到竞争对手前面。如果你没有提出新的想法、产品和服务，而你的竞争对手做到了，你将会面临更多不同的挑战。

（5）开发新技术。技术已是当今市场上的主要竞争工具，21 世纪巨大的变化迫使更多的企业去创新。目前，只有个别电子和家用器具企业能够平均每个月开发出十几个新产品。对于大多数企业而言，产生创新想法是至关重要的。

（6）产品的生命周期。所有的产品都有一个有限的生命，产品生命周期图显示，新产品最终会陈旧和过时，因而，需要制订一个新产品和产品成长计划。

（7）降低风险和减少失败。对于企业来说，要想降低风险，设法不断地产生新的产品是非常必要的。

（三）创业构想的来源

1. *爱好和兴趣*

爱好是成立企业的重要原因。例如，你喜欢上网、烹饪、音乐、旅行、运动或表演，你就可能有把它们发展成为企业的想法。

2. *个人的技能和经验*

一半以上成功的企业想法都来源于个人经验。例如，一个学习汽车维修专业的大学生在大型汽车制造厂工作几年后，他（她）就可能创办汽车修配厂。创业者的背景在决定其创办企业及企业类型的过程中扮演了至关重要的角色。而技能和经验是最重要的资源，不仅体现在产生想法方面，而且体现在如何利用这些想法方面。

3. *特许经营*

特许经营指特许者将自己所拥有的商标、商号、产品、专利和专有技术、经营模式等以特许经营合同的形式授予被特许者使用，被特许者在特许者统一的业务模式下按合同规定从事经营活动，并向特许者支付相应的费用。特许经营有很多类型，但是最流行的一种就是提供名称、标识、操作程序和经营方式。在20世纪八九十年代，特许经营迅速增长，成为一种在美国和欧洲广泛使用的商业活动形式。仅在美国就有超过2000种的特许经营，年销售额超过3000亿美元，大约占零售总额的1/3。除了购买特许经营权外，也可以开发和销售特许经营的理念。

4. 大众传媒

大众传媒是大量信息、想法和机会的来源，包括报纸、杂志、电视和互联网等。通过报纸或杂志，可以找到关于企业转让的商业广告，这是产生企业想法很好的信息来源。新闻出版物或互联网、电视上也经常会有关于流行趋势或消费者需求变化的报道。例如，你能看到或听到人们对健康和减肥食品的兴趣日益增加，便可以由此产生某个新的投资理念。

5. 展览会

参加展览会和大型贸易洽谈会是另外一个产生企业想法的途径。通过参观，你不仅可以看到新的产品和服务，还可以直接联系厂商、批发商、发行商和经销商。

6. 市场调查

通过调查确定消费者的需求是企业提供产品和服务的基础。创业者通过与消费者进行正式或非正式的交谈来调查需求，经常使用的方法有调查问卷、访谈或直接观察。最方便的方法是与你的家庭成员或朋友交谈，找出他们尚未被满足的需求，例如，他们是否对现有产品或服务满意，他们希望看到什么样的改进。也可以与厂商、批发商、代理商和零售商沟通，近距离地接触消费者、渠道成员可以更好地判断市场的需求情况。除了和人们交谈，你还可以通过观察获得信息。例如，决定是否在某条街上选址开店前，你可以观察和计算在特定的天数里通过街道的人数，并且和其他地点进行比较。

7. 抱怨

一部分消费者的抱怨催生了许多新的产品或服务。无论什么时候，当消费者抱怨某个产品或服务，或者当你听到有人说“我多么希望能……”或“只要有一个产品或服务能满足我……”你就有了一个潜在的创业想法。这个想法可以创办一个提供更好的产品或服务的具有竞争力的企业，或者可以将新的产品或服务卖给那些存在问题的企业。

8. 头脑风暴

头脑风暴是一个创造性解决问题和产生想法的技术方法，它的目的是产生尽可能多的想法。使用这个方法时，需要遵守4个原则：第一，不要随意评价他人的想法；第二，鼓励随心所欲，欢迎那些看似疯狂的想法；第三，需要大量的想法；第四，对于所有的想法，无论从表面上看有多么不合逻辑，都可以记录下来。

（四）适合大学生创业的方向

1. 高科技领域

身处高新科技前沿阵地的大学生，在这一领域创业有着近水楼台先得月的优势。有意在这一领域创业的大学生，可积极参加各类创业大赛，获得脱颖而出的机会，同时吸引风险投资。

推荐商机：软件开发、网页制作、网络服务、手机游戏开发等。

2. 智力服务领域

智力是大学生创业的资本，在智力服务领域创业，大学生游刃有余。例如，家教领域就非常适合大学生创业，一方面，这是大学生勤工俭学的传统渠道，可以积累丰富的经验；另一方面，大学生能够充分利用高校教育资源，赚到“第一桶金”，此类智力服务创业项目成本较低，一张桌子、一部电话就可开业。

推荐商机：家教、家教中介、设计工作室、翻译事务所等。

3. 连锁加盟领域

统计数据显示，在相同的经营领域，个人创业的成功率低于20%，而加盟创业则高达80%。对创业资源十分有限的大学生来说，借助连锁加盟的品牌、技术、营销和设备优势，可以以较少的投资、较低的门槛实现自主创业。但连锁加盟并非“零风险”，在市场鱼龙混杂的现状下，大学生涉世不深，在选择加盟项目时更应注意规避风险。一般来说，大学生创业者资金实力较弱，适合选择启动资金不多及人手配备要求不高的加盟项目，从小本经营开始为宜；此外，最好选择运营时间在5年以上、拥有10家以上加盟店的成熟品牌。

推荐商机：快餐业、家政服务、校园小型超市、数码速印站等。

4. 开店

大学生开店，一方面可充分利用高校的学生顾客资源；另一方面，由于熟悉同龄人的消费习惯，入门较为容易。正由于走“学生路线”，因此要靠物美价廉来吸引顾客。此外，由于大学生资金有限，不可能选择热闹地段的店面，因此推广工作尤为重要，需要经常在校园里张贴广告或和社团联办活动，才能广为人知。

推荐商机：特色专柜、手工制造、网络维护等。

二、识别和评估商业机会

很多创业者有一种错误观念，认为小本创业一定会成功，而忽略掉该行业是否有市场或市场是否已经饱和，自己是否适合这一行业。因此建议创业者除了要挑选有兴趣的行业外，还要抓住市场潮流，提高创业成功的概率。

哪个是最具“钱”景的创业行业？在思考创业行业时，最重要的是抓住市场潮流动脉，降低创业风险。统计结果显示，最具“钱”途的创业方向前5名依序为：平价概念、健康概念、个性化概念、教育概念与女性概念。其中最具赚钱潜力的行业前10名依次为：儿童文教、健康医疗、成人补教、健康食品、个性化商品、早餐店、减肥美容、电子商务、休闲饮品与中式小吃。有心创业者不妨先了解再行动，这样才能少走弯路。

寻找、发现和利用机会是一个成功创业者的特征之一，也是成功创办和管理企业的基础。创业者不仅要产生想法和识别机会，还要同时进行筛选和评估，从而把握并利用最有价值的机会。

（一）商业机会

简单地说，一个好的想法未必是一个好的商业机会。例如，你可能通过一项新技术发明一个非常有创意的产品，但是市场未必需要它；或者一个想法听起来不错，但是在市场上没有竞争力，并不值得投资；或者尽管有时市场有需求，但是需求的数量不足以收回成本。很多企业想法听起来很有优势，却经受不住市场的考验。如何将企业想法转化成一个好的商业机会？最基本的答案就是收入超过成本，能够获得利润。

（二）一个好的商业机会的特征

商业机会具有特殊的生成要素，包括现实需要、理性目标、较强的竞争力，以及一定的资源和技术。以下商业机会案例集中体现了一个好的商业机会应从哪些方面去把握。

1. 平价概念——提供消费者物超所值的产品

以零售业态发展来看，越是高度文明的国家，平价概念发挥得越极致，在美国、日本等发达国家处处可见大型出售过季商品的购物中心，“一元”商店也因此创下了令人瞩目的业绩。另外，经济不景气、产业竞争日趋激烈，也是平价概念店盛行的原因。

整体看来，平价概念的创业业种较多、投资门槛较低。根据调查结果，现阶段最具潜力的赚钱行业，其中第六名的早餐店、第八名的电子商务、第九名的休闲饮品与第十名的中式小吃，都具有平价概念。

早餐店与休闲饮品店投资不大，一般在数万元以内，净利可达25%以上，半年可收回投资，具有本小利丰、回收快的优势，因此是许多人创业时的首要选择。目前国内市场这两种业种已经有加盟品牌数十个，加盟店几万家，而现阶段以单店进入市场不太容易生存，不妨考虑以加盟的方式创业。因此挑选具有竞争力的品牌便格外重要。另外，在经营上的挑战是要改变过去经营过路客的创业思维。现阶段要以培养熟客、提高顾客忠诚度为主，才能够持续经营。

2. 健康概念——满足健康需求就有钱赚

随着知识水准、国民收入的提升，人们对于健康越来越重视，不再是因为生病才有医疗需求，预防疾病的观念已能被大家接受，这可从数年前风靡一时的灵芝和芦荟等保健产品的热卖得到印证。现在市面上多了很多健身俱乐部和养生餐厅，就连饮用水及有机蔬菜、水果也因为强调有益健康而热卖。因此健康概念被列为最具“钱”途的创业方向之一。

健康饮品单价高、毛利高，成本回收快，而根据专家票选出的最有潜力的赚钱行业，如第二名的健康医疗与第四名的健康食品，都是具有健康概念的创业方向。不过若以投资门槛来看，健康医疗业包括药房、中药店或是药妆店的投资门槛，都在十万到几十万以上，毛利约35％，回收期较长，适合资金足够者长期发展。所幸目前这些行业已有品牌提供加盟创业，有心投入健康产业的创业者，可由总部辅导提升医药专业知识、降低开店技术门槛，并可压低进货价格，增加获利空间。

健康食品业分成天然健康饮品与讲求养生、食疗的餐饮专卖店，后者开店成本较高，在四五十万元左右；而健康饮品店的投资门槛则相对较低，开店成本为10万元左右，不仅较易入行，若以都市区一级商圈为主力，平均客单价在20元左右，毛利可高达60％，因此，大约3个月就可以回收成本，是健康概念各业种、业态间赚钱速度较快的。

3. 个性化概念——强调量身定做赢得族群认同

个性化概念可以分成两种：一种是商品个性化，主要是抓住时下年轻人多变、求新、个人意识强烈的特点，将自我意识形象化，为每位客户量身打造独一无二的个性化商品，如个性化吊饰、人像公仔、个性化印象等，是为满足消费者潜在的自恋情结而产生的商机；另一种则是店铺个性化，由于国内许多零售服务业已进入完全竞争阶段，因此现阶段开店的制胜关键是让消费者产生认同感，要具有独特的店铺个性。例如，卖咖啡的星巴克、卖生活用品的无印良品、卖美容保养品的美体小铺等，就是具有店铺个性化的代表。

目前，市面的个性化商品很多，如大头贴、数字照片印章等，不过这类产品由于技术层次低，流行热潮退去后，不易再做创意变化，也容易使商机退去。另外，有的高价艺术品，如琉璃等，受到市场限制，也不是每个人都消费得起的，因此在个人创业上，以周围生活商品为切入点，再量身定做属于个人化的创意商品，有较大的获利基础。如已开放加盟的阿雷西公仔，主要是通过材料变化，加上艺术创意设计，制造个性化商品，投资金额约在10万元，由于毛利可高达60％～80％，最快在半年就能回收成本。

个性化商品发展的另一个商机，主要在于现阶段大型卖场为寻求商品差异化，对于具有特色的个性化商品趋之若鹜。以贩卖德国熏香木偶的“木偶之心”为例，开店不到半年，各大卖场都纷纷邀请进驻。而进驻卖场的优点是，借由卖场的聚客力，可大大地提升营业额与知名度。

4. 教育概念

随着双薪家庭的比例越来越大且收入越来越高，再加上望子成龙的心态，父母对子女教育的投资毫不吝啬，因此打造了儿童文教业市场的利好基础。上班族也因为失业率攀升，求职压力加大，为加强竞争力而培养第二专长，于是成人教育业的商机逐渐浮现。

目前，在北京、上海、武汉、重庆等大城市，国学、少年科技知识培养等专业儿童培训机构较为普遍。调查表明，儿童文教业的投入金额较高，约在数十万元，不过由于其淡旺季的营收差异不大，净利在45%左右，因此多数在两年内就可回收成本。而成人教育则可以分成两个概念：一是为上班族培养第二专长的补习班，比如英语、计算机或创业补习班；二是有些人会利用周末双休时间针对个人兴趣进修，比如插花、跳舞等。前者目前商机较大，较适合开在办公商圈，而专业水平高的师资是制胜关键，只要打出口碑，生意就会源源不绝，大约也是两年内可以回收成本。

5. 女性概念

随着女性经济独立自主比例越来越高，消费能力越来越高，很多产品纷纷以女性为目标市场。如专为女性推出的信用卡，就是着眼于女性强大的消费力。

以往创业者多为男性，但从近年对加盟创业展会及加盟者的调查发现，男性与女性的创业比例为1∶1，因此女性创业意愿提高，也是女性概念店经营形态发酵的原因。

许多减肥美容业者不断通过大众媒体的广告宣传，激起女性爱美的天性，以此带动了减肥美容产业的兴旺。随着饮食精致化，国内有减肥需求的人数也不断攀升，根据调查，有70%以上的女性对自己的身材不满意，这是减肥美容业有商机的原因。一般来说，投资成本约在10万元，但由于其毛利高，多半在一年半内即可收回成本。目前，减肥美容业已不再局限于单纯的脸部、身体美化，为求在市场上立于不败之地，协助女性做全方位的身心提升已是趋势。因此，除了高科技仪器与天然营养品的应用，结合SPA与美容讲座活动，是减肥美容产业未来的经营重点。

由此可以看出，一个好的商业机会必须具备可行性，但需要符合以下标准：

（1）需求是真实的，即那些具有购买力和购买欲望的消费群体仍有未被满足的需求。

（2）能够收回投资，即在承担风险和创业的努力付出之后，可以带来回报和收益。

（3）具有竞争力，即比竞争对手能获得更多的价值，更受消费者认可。

（4）实现目标，即能满足创业者的愿望。

（5）有效的资源和技能，即在创业者所具备的资源、能力、法律等必备条件范围内。

（三）识别商业机会

商业机会通常体现为市场上尚未被满足和尚未被完全满足的有购买力的消费需要，也称为市场机会。在新经济时代，一个有价值的商机可以使亏损企业扭亏为盈，扩大竞争优势。有效把握商业机会逐渐成为企业发展的关键命题。商业机会的捕捉就是对市场信息的调查研究，是商业机会管理的首要环节。对创业而言，市场机会就是各种可能转化为商业机会的情报。

1. 现有市场机会和潜在市场机会

现有市场机会指市场机会中那些明显未被满足的市场需求。另外，那些隐藏在现有需求背后的、未被满足的市场需求称为潜在市场机会。现有市场机会表现明显，往往发现者多、进入者多，竞争势必激烈。潜在市场机会则不易被发现，识别难度大，往往蕴藏着极大的商业价值，需要创业者深度分析研究，才能将之体现为创业资源。

2. 行业市场机会和边缘市场机会

行业市场机会指市场中某个行业内的市场机会。边缘市场机会指在不同行业之间的交叉结合部分出现的市场机会。一般情况下，人们对行业市场机会比较重视，因为发现和识别创业机会的难度较小，但正因为难度小，参与者众多，往往竞争激烈，成功的概率较低。而在行业之间出现的市场机会，往往涉足较少或难以发现，需要创业者具有丰富的知识和经验，以及丰富的想象力和大胆的开拓精神，一旦顺利开发，创业成功的概率就会很高。

3. 当前市场机会与未来市场机会

当前市场机会指那些已经在社会经济发展中呈现出来的市场机会。未来市场机会指通过前期的市场调研和预测分析将来会在某一时期内出现的市场机会。如果创业者对将来可能出现的某种市场机会具有比较清晰的认识和判断，就可以提前做好准备，并调动已有的市场资源，为创业机会的出现搭建平台，从而获取创业的领先优势。

4. 全面市场机会和局部市场机会

全面市场机会指在市场大范围出现的未满足的实际需求，如在国际市场或全国市场出现的市场机会，着重于拓展市场的宽度和广度；而局部市场机会则是在局部范围或细分市场出现的未满足的需求。在大市场中寻找和发掘局部或细分市场的机会，见缝插针，拾遗补阙。创业者可以集中优势资源投入目标市场，有利于增强主动性、减少盲目性，从而增加成功的可能。

一般来说，创业机会的识别方法有多种。由于大学生属于创业群体中的弱势群体，创办的企业多为微小企业，因此生存第一，成长第二。为了避免在激烈的市场竞争中失败，寻求创业机会应以能够发挥自己的专长和先立足后发展为原则。简单讲，在夹缝中求生存，填补市场空白，借助市场外力才能真正把握创业机会。

人们一旦产生和发现了想法和机会就需要对它进行识别和评估，这很重要，但并不简单。人们是否做了识别和评估工作，将决定他们是赚钱还是赔钱，成功还是失败。但是，并不是说只要做好识别和评估工作就一定能够成功，因为成功还和其他很多因素有关，但识别和评估工作的确能够起到降低风险和减少失败的作用。

（四）市场识别和市场调查

1. 市场识别

①行业和市场。你的想法有市场吗？有消费购买力且乐于购买你的产品或服务的顾客吗？你能够满足他们的需求吗？这样的消费者有多少？

②“机会窗”的大小。当机会存在时你能创造和抓住机会并利用它们吗？

③创业者的个人目标和能力。你真的要冒险去创业吗？你有足够的动机吗？

④团队管理。谁将是企业的成员？他们有经验、技能、社会关系和你所需要的乐于奉献的品质吗？

⑤竞争。谁是你的竞争对手？你是否拥有一些竞争对手没有的顾客？你是否可以低成本地生产和经营？

⑥资金、技术和其他必需的资源。你有多少资金、技术和其他必需的资源？你是否已经具备或者有能力拥有呢？

⑦环境。你周围的政治、经济、地理、法规环境是否有利于创业？你的企业是否会破坏自然环境？

上述问题是识别和评估商业机会的典型问题。通过思考这些问题可以决定商业机会是否具有吸引力和前景。但是你还不能仓促创业，还必须对自己的想法或者项目进行科学分析，以确认其可行性。对创业项目的分析，无非从市场和客户两个方面进行。

2. 市场调查

市场调查是进行创业项目分析的首要环节，其主要内容可以归结为描述、分析、预测。通过调查描述当前市场环境与行业状况、顾客需求与目标市场状况、竞争对手及自我经营状况等；根据描述分析行业、市场、顾客、自身经营与竞争者的现状与投资项目的可行性，并对未来做出尽可能准确的预测，从而将决策的风险降到最低，从根本上提高成功的可能性。

（1）市场调查的作用

第一，市场调查有助于创业者把握宏观的市场环境，加深对所从事行业的了解，如整个社会的政治经济环境、行业的竞争状况、社会对于某种产品或服务的需求和购买力等，为自己的经营决策提供宏观的环境依据。

第二，通过市场调查，确定顾客的需求，生产客户需要的产品，保证企业获得丰厚的利润，因此市场调查是企业取得良好经济效益的重要保证。

第三，市场不是一成不变的，顾客的需求在不同的时期也各不相同。通过市场调查，可以发现一些新的商机和需求，以便开发新的产品去满足这些需求。

第四，通过市场调查可以了解企业自身的产品和经营状况，发现企业产品的不足及经营中的缺点，及时加以纠正，改进企业的经营策略，使企业始终保持生机与活力，在竞争中永远立于不败之地。

第五，通过市场调查还可及时掌握企业竞争者的动态，了解竞争对手的经营状况与策略，以及对方产品或服务的优势、不足及在市场上所占份额的大小，以便针对竞争者的情况，及时调整和改进自己的经营策略。

现代营销观念认为，实现企业各种目标的关键是正确认识目标市场的需要和欲望，并且比竞争对手更有效、更有力地传送目标市场所期望的东西。而市场调查是企业了解目标市场需求和竞争对手行动的真正有效的手段，因此随着营销观念逐步深入人心，市场调查在全球范围得到了广泛的重视。

（2）市场调查的内容

市场调查的内容指在进行市场调查工作时应该调查的问题和所需搜集的资料。这是整个市场调查的核心，也是调查工作的目标所在，因此，在开展市场调查以前就必须明确。一般来说，市场调查主要有以下内容。

1）环境调查

这里的市场环境主要指市场所在地的政治法律环境、经济环境、社会文化环境、科学技术环境及地理气候环境等因素的总称。这些环境直接决定了市场所在地的市场生态，也是创业者进行新产品开发，尤其是为产品开拓新的市场时必须考虑的因素。

事实上，不仅国与国之间的宏观市场环境是不同的，即使在同一个国家，如我国就存在南北之间的地理气候差异、东西之间的经济科技差异及几乎所有地区都存在的历史文化差异，这些都会造成不同省市、地区甚至县级的市场环境的较大差异，因此创业者准备将目标市场定位在某一地区时，对本地区的政治、经济、科技、文化和地理等因素的了解就显得尤为重要。

在进行宏观市场调查时，创业者要详细考察目标市场所在地有关创业及创业所在行业的政策及法律、法规。例如，对于创业及创业项目是否有优惠政策或措施，是否有法律、法规禁止进入的事项等；考察在市场所在地的经济科技水平下，创业具有多大的发展空间，如当地的经济发展水平、消费水平和科技水平等是否能为创业提供广阔的市场和相关支持；考察当地历史文化长期积累的社会心理对于自己创业所在行业的心理接受程度，如当地人的消费习惯和偏好，多少人可以成为自己的现实消费者和潜在消费者等。此外，还要考察当地的地理和气候对于自己的创业有什么样的影响，例如一般情况下在险峻崎岖的山区销售自行车未必能赚大钱，在热带地区销售羽绒服也并非一个明智的选择。

当然，创业者所面对的市场环境不同，有的可能局限于一条街道或一个社区，有的可能面向一个县城或一个地市，有的可能辐射一个省或一个国家，甚至整个世界。无论创业者面对怎样的市场环境，都必须对所在地的宏观环境进行考察分析，我们平常讲的“因地制宜”，其实也就是这个意思。

2）产品调查

创业者总是以一种产品或服务进入某个目标市场，进行自己的创业活动，那么对于创业者而言，必须了解自己的产品及产品所在行业的状况，深入调查目前市场的容量和产品在当地的消费方式、增长情况。在产品调查时，一般需要了解以下信息。

首先，了解同类产品在目标市场中销售的具体数字和品牌、规格、来源、生产厂家、价格，并根据当地的人口和社会经济统计数据，了解过去和现在发生的变化，预测将来可能发生的变化。

其次，了解当地市场有关产品的消费变化，主要调查当地同类产品的生产数量和可能发生的变化、当地产品的销售数量、当地的经济收入水平、消费者的消费习惯等，在此基础上分析产品今后可能出现的消费变化趋势。

再次，调查同类产品在当地的年消费量、消费者数量和产品的消费方式、产品消费范围的大小、消费频度、产品用途，以及具有什么竞争性代用品等因素。

最后，为了预测产品未来的消费变化趋势，还应了解产品在当地市场上的生命周期状况，并结合相关因素进行综合分析和判断。

同时，在进行产品调查时，还应该对产品市场进行细分，从而了解在当地市场上什么类型的消费者可能购买自己的产品；准确地估计当地市场的发展潜力，正确地选择产品销售的目标市场，进而了解不同类型的消费者对各种产品的需求，有针对性地采取改进产品的策略和措施，使之适销对路，以扩大产品的销路。

细分市场的方法有两种：一是地理细分，即为按照消费者所处的地理位置、自然环境来细分市场；二是消费细分，在试图吸引新的消费者之前，要明确哪些消费人群最有可能接受这种产品，然后针对这一消费人群制定相应的销售策略。

3）行业调查

稍有商业眼光的创业者都会注意到这样一种现象：工业制成品如彩电、微波炉、空调、电脑等的价格一降再降，早些年属于奢侈品的手表、自行车、半导体等更成“明日黄花”；与此相反，一些服务行业的价格却节节攀升。这一现象至少带给我们这样一种启示：

我国产业利润正悄悄转移。

对大多数创业者来说，进入一个热门行业或者潜在的热门行业会是一个不错的选择，那么在未来可称为热门行业的有哪些？从现在的发展趋势来看，如建筑、房地产行业，汽车制造业，电信业，生物技术，老年人、母婴用品，环境能源类环保产业等都比较热门。

行业的热门与否只是一个相对的概念，随着时间的推移，旧有的行业格局可能被打破，行业间利润的分配面临重新洗牌，而且就创业而言，也并非所有的创业者都适合在热门行业摸爬滚打。因此对创业者来说，与盲目追求热门行业相比，选择一个适合自己的行业也许更有意义。

4）消费者调查

通过调查，创业者能比较容易把握消费者对产品的具体要求。

第一，了解消费者在何处购买。企业需要知道目前消费者在何处购买此类产品，并且要确定哪些因素可以使他们转而购买自己的产品。

第二，了解消费者何时购买。了解消费者的购买时间和购买频率，细分为每日、每月、每季、每年，这样才有利于创业者就营业时间、广告宣传时间及各个时期的备货等问题做出正确的决策。

第三，了解消费者如何购买。了解消费者的购买方式，便于企业管理者对企业销售中的信用政策和价格政策做出决策。

对消费者调查的另一个方面是分析潜在消费者。企业的潜在消费者可以描述为：需要企业产品的人；买得起这些产品的人；愿意购买这些产品的人。对企业来说，潜在消费者就是企业的贵宾。潜在消费者有以下特征：潜在消费者并不依赖于任何企业；潜在消费者是企业的服务对象；潜在消费者具有与其他消费者一样的感受和情绪；潜在消费者是有想法和需求的人，企业要迎合他们。

5）竞争调查

商品市场是没有硝烟的战场，竞争是与商业相伴而生的一个概念。在现代商品市场，产品竞争异常激烈，激烈的市场竞争对企业的利润影响巨大，因此对产品的竞争调查也是决定企业生存发展的关键因素之一。

竞争分为直接竞争和间接竞争两种。直接竞争指经营同类或类似产品的行业之间的音争，如可口可乐公司与百事可乐公司之间的竞争；间接竞争指经营种类不同但用途相同的企业间的竞争，如碳酸饮料与茶饮料之间的竞争。在竞争性调查中，需要了解市场竞争的结构和变化趋势、主要竞争对手的情况及本企业产品竞争成功的可能性等。

（五）市场预测

市场预测指在市场调查获得一定成效的基础上，针对创业的实际需要及相关的现实环境因素，运用已有的知识、经验和方法，对市场未来的发展趋势做出适当的分析与判断，为创业决策提供可靠依据的一种活动。市场预测主要有以下内容。

1. 市场需求变化预测

市场需求变化预测主要指商品的购买力及其投向的预测，包括生产资料市场购买力预测和消费市场购买力预测。

除现实购买力以外，对市场需求变化的预测还需要研究社会潜在购买力。潜在购买力包括两种情况：受货币支付能力或商品供应量的限制而未能实现的需求；居民手中因为种种原因而持有的现金及银行存款。另外，预测市场需求的变化还必须考虑人口变动、基本建设规模、生产力水平、文化水平、货币流通速度及消费者行为的变化等因素。

2. 消费结构变化预测

消费结构变化预测的主要内容是预测消费品市场的产品构成及其相应比例关系，包括消费者的消费支出在不同商品之间的分布比例、变动趋势，其中最关键的是居民消费的恩格尔系数的变化。

3. 产品（服务）销售预测

产品（服务）销售预测是对产品（服务）销售前景的判断，包括对销售的品种、规格、价格、销售量、销售额及销售利润等方面变化的预测，其目的在于使产品（服务）适销对路，满足消费需求。

4. 产品（服务）价格预测

产品（服务）价格预测指对产品（服务）未来市场价格变化的预测。影响产品价格的主要因素有市场供求状况、市场竞争状况、产品价值规律及价格规律等。

5. 资源预测

为了保障创业活动顺利进行，必须对创业所需要的原材料、能源等资源的供应状况及其变化趋势进行合理的预测，明确资源供应的数量、规格、质量、价格与渠道等，寻找降低资源成本的途径，增强企业竞争力。

6. 生产技术变化预测

生产技术的变化对未来企业的生存与发展有着十分重要的影响，创业者必须时刻关注生产技术的发展趋势。

（六）创业机会的评估

创业机会的评估方法主要有以下三种。

1. 定性方法

定性方法的评估内容：通过前期调研分析，确定该创业机会所必须具备的成功条件；分析本企业在该市场机会上所拥有的优势；公司创立之后所拥有的竞争优势；分析与本公司的发展方向和目标是否一致。

2. 定量方法

定量方法的评估内容：在初步拟订营销规划的基础上，从财务上进一步判断选定机会是否符合创业目标，一般通过量、本、利进行分析。

（1）市场需求量预测

通过对市场需求量的预测，可以了解该机会所面临的市场状况及市场潜量，这也是进行经济效益分析的基础。市场需求量的预测可以运用一定的数学方法来进行，主要方法有趋势预测法、因果预测分析法、市场调查分析法和判断分析法等。

（2）运行成本分析

运行成本主要研究利用该机会所需要付出的资金人力成本，应从投资成本、生产成本和营销成本 3 个方面进行分析，可采用专门的成本预测方法，如直线回归法和趋势预测法等。

（3）项目利润分析

在对市场需求量和成本的预测基础上进行利润核算，一般可采用损益平衡模型、简单市场营销组合和投资收益率等分析方法进行。

3. 阶段性决策方法

阶段性决策方法要求创业者在创业机会开发的每个阶段都要进行机会评价。一个创业机会是否能够通过每个阶段预先设置的障碍，在很大程度上取决于创业者经常面对的约束或限制，如创业者的目标回报率、风险偏好、金融资源、个人责任心和个人目标等。

三、识别和防范创业风险

风险是与不确定性紧密联系在一起的。对于创业风险的理解，一般有两个角度：一个角度强调结果的不确定性；另一个角度则强调损失的可能性。前者属于广义上的风险，说明未来利润多寡的不确定性，可能是获利、损失或无损失也无获利。创业风险指企业在创业过程中存在的各种风险。由于创业环境的不确定性，创业机会与创业企业的复杂性，创业者、创业团队与创业投资者的能力和实力的有限性导致创业活动结果的不确定性，从而导致创业活动偏离预期目标。

蕴藏着大量机会的创业领域普遍充满风险，创业者应该把注意力、技能和资源都集中在这些领域。创业者面对创业机会的同时，也要正确面对创业风险，敢于成功挑战风险，才能赢得市场。这不仅需要合适的过程和高度的思考能力，还需要行为准则，能够让创业者在蕴藏着风险与契机的环境中找到风险与机遇，这就是风险识别的根本目的。

（一）创业风险的识别与分类

创业风险识别指企业依据创业活动的迹象，在各类风险事件发生前运用各种方法对风险进行辨认和鉴别，是系统地、连续地发现风险和不确定性的过程。

创业风险按照其产生的内容可以分为市场风险、技术风险、管理风险、财务风险和环境风险等。

1. 市场风险

市场风险主要指在创业的市场实现环节，由于市场的不确定性而导致创业失败的可能性，其主要表现为市场需求量的不确定性、市场接受时间的不确定性、市场竞争力的不确定性和竞争战略的不确定性。

2. 技术风险

技术风险指由于技术方面的因素及其变化的不确定性而导致创业失败的可能性。其主要表现为技术成功的不确定性、技术寿命的不确定性、技术前景的不确定性和技术效果的不确定性。

3. 管理风险

管理风险指创业过程中由于管理不善而带来的风险，其主要表现为创业者的素质、决策风险、管理制度风险、机会风险和营销管理风险。

4. 财务风险

财务风险指因资金不能适时供应而给企业带来的风险。在新创办的企业中，有80%的企业生命周期不超过3年，最主要的原因就是财务风险的影响。

5. 环境风险

环境风险指由于外部环境的变化给企业带来的风险，其主要表现为经济环境风险、政治法律风险、社会文化环境风险、自然环境风险和人口环境风险。

创业风险按产生的原因划分，可分为主观创业风险和客观创业风险。

（1）主观创业风险

主观创业风险指在创业阶段，由于创业者的身体与心理素质等主观方面的因素导致创业失败的可能性。

（2）客观创业风险

客观创业风险指在创业阶段，由于客观因素导致创业失败的可能性，比如市场的变动、政策的变化、竞争对手的出现及创业资金的缺乏等。

（二）创业风险的来源

创业环境的不确定性，创业机会与创业企业的复杂性，创业者、创业团队与创业投资者的能力与实力的有限性，是创业风险的根本来源。研究表明，创业的过程往往是将某一构想或技术转化为具体的产品或服务的过程。在这一过程中，存在几个基本的、相互联系的缺口，它们是上述不确定性、复杂性和有限性的主要来源，也就是说，创业风险在给定的宏观条件下，往往直接来源于这些缺口。

1. 融资缺口

融资缺口存在于学术支持和商业支持之间的断层。其中，研究基金通常来自个人、政府机构或公司研究机构，它不仅支持概念的创建，还支持概念可行性的最初证实；投资基金则将概念转化为有市场的产品原型（这种产品原型有令人满意的性能，对其生产成本有足够的了解并且能够识别其是否有足够的市场）。创业者可以证明其构想的可行性，但往往没有足够的资金实现商品化，从而给创业带来一定的风险。

2. 研究缺口

研究缺口主要存在于仅凭个人兴趣所做的研究判断和基于市场潜力的商业判断之间。当一个创业者最初证明一个特定的科学突破或技术突破可能成为商业产品基础时，他仅仅停留在自己满意的论证程度上。然而，这种程度的论证后来不可行了，在将预想的产品真正转化为商业化产品（大量生产的产品）的过程中，即具备有效的性能、低廉的成本和高质量的产品，在能从市场竞争中生存下来的过程中，需要大量复杂而且可能耗资巨大的研究工作（有时需要几年时间），从而形成创业风险。

3. 信息和信任缺口

信息和信任缺口存在于技术专家和管理者（投资者）之间。也就是说，在创业中，存在两种不同类型的人：一是技术专家；二是管理者（投资者）。这两种人接受不同的教育，对创业有不同的预期、信息来源和表达方式。技术专家知道哪些内容在科学上是创新的，哪些内容在技术上是可行的，哪些内容根本就是无法实现的。在失败类案例中，技术专家要承担的风险一般表现在学术上和声誉上受到影响，以及没有金钱上的回报。管理者（投资者）通常比较了解将新产品引进市场的程序，但当涉及具体项目的技术部分时，他们不得不相信技术专家，可以说管理者（投资者）是在拿自己的钱冒险。如果技术专家和管理者（投资者）不能充分信任对方，或者不能够进行有效的交流，那么这一缺口将会变得更深，带来的风险更大。

4. 资源缺口

资源与创业者之间的关系就如同颜料、画笔与艺术家之间的关系。没有颜料和画笔，艺术家即使有了构思也无从下手。创业也是如此，没有所需的资源，创业者将一筹莫展，创业也就无从谈起。在大多数情况下，创业者不一定也不可能拥有所需的全部资源，这就形成了资源缺口。如果创业者没有能力弥补相应的资源缺口，要么创业无法起步，要么在创业中受制于人。

5. 管理缺口

管理缺口指创业者并不一定是出色的企业家，不一定具备出色的管理才能。进行创业活动主要有两种：一种是创业者利用某一新技术进行创业，他可能是技术方面的专业人才，但不一定具备专业的管理才能，从而形成管理缺口；另一种是创业者往往有某种“奇思妙想”，可能是新的商业点子，但在战略规划上不具备出色的才能，或不擅长管理具体的事务，从而形成管理缺口。

（三）创业风险的识别过程

识别创业风险是一项复杂而细致的工作，要按特定的程序和步骤、采取适当的方法逐层次地分析各现象，并实事求是地做出评估。风险可以分为以下 3 种形式。

第一，必然风险。即无论如何都不可避免的风险。

第二，潜伏风险。这种风险的发生取决于一定的诱发因素，即这种风险有可能发生，也有可能不发生。

第三，想象风险。即人们的猜想和想象，是心理反应的产物。

所谓创业风险识别过程，是指创业者依据企业活动，对创业企业面对的现实及潜在风险，运用各种方法加以判断、归类鉴定风险性质的过程。

1. 确定导致创业目标不确定性的客观存在

这里强调的是导致创业目标不确定性的客观存在。因此，必须要发现或推测导致创业目标不确定性的风险是否存在不确定性。如果所有导致创业目标不确定性的风险是确定的，要确定导致创业目标不确定性本身必须是客观存在的，是事实上存在的，不以人的意志为转移，不是凭空想象和捏造的。

2. 建立创业风险因素清单

建立创业风险因素清单是识别创业风险的基础工作和前提条件。创业风险因素清单可以在创业风险机理研究的基础上构建起来。清单中应明确列出客观存在和潜在的各种风险，应该包括各种影响创业研究、制定、实施、控制及影响企业的生产、经营和经济效益的各种因素，可以通过理论研究成果和实际的经验进行判断。建立清单可以通过商业清单或一系列的调查表进行深入研究、分析而制定。

3. 确定重要的风险事件并对其可能的结果进行测算

根据清单中的各种重要风险来源，分析和推测各种可能性，结合创业管理的手段和方法测算对创业影响的程度、创业成本耗费和最终企业的各种绩效指标的变化。

4. 进行创业风险因素分类

对创业风险进行分类的目的是更加深入地理解创业风险的性质、特征和构成，并在此基础上制定更好的管理对策。对创业风险进行分类必须结合创业风险要素的性质和可能性结果及彼此之间的关联程度，这样有利于更加确切地了解风险、预测结果。

5. 进行风险排序

风险识别的结论是对其进行归类，即根据风险分类和各种可能的影响、结果按照一定的方法进行排序，并分别列入不同的风险级别。每个风险级别都有自己的风险特征，包括不同的发生频率和严重性。

（四）创业企业风险管理的基本方法

有效防范风险的主要方法有以下 4 种。

1. 减少可避免的风险

当创办企业发现从事某一项活动会涉及过高的风险时，可决定减少或放弃这项活动，以便减少甚至完全避免风险。避免风险有两种方式：一种是完全拒绝承担风险；另一种是放弃原先承担的风险，但是这种方法的适用性有限。

2. 实行损失管理计划

损失管理计划分为防损计划和减损计划。防损计划旨在减少损失的发生频率或消除损失发生的可能性。建造防火建筑物、质量管理、驾驶技术考核、颁布安全条例、提供劳动保护用品、检查通风设备及产品改进等均是减少损失频率的措施。

3. 分散风险

人们日常所说的“不要把鸡蛋都放在同一个篮子里”，讲的就是分散风险的道理。分散风险是指通过增加风险单位的个数来减少风险损失的波动。这样，企业一方面可以比较准确地预测风险损失，另一方面可以减少预防风险所需预备的资金。

4. 非保险方式的转移风险

在风险管理中，普遍使用的非保险转移风险的方式是合同、租赁和转移责任条款。例如，一家公司在与某建筑承包商签订新建厂房的合同中规定，建筑承包商对完工前厂房的任何损失负赔偿责任；再如，计算机租赁合同中规定租赁公司对计算机的维修、保养及损坏负责；又如，出版商在出版合同中加入转移责任条款，规定作者对剽窃行为自负法律责任。

第三章　高职院校创新创业教育理论研究

创新创业教育已成为推进职业教育综合改革的突破口，是当前高职院校素质教育的重要载体和抓手，更是教育教学理念和范式的创新。本章主要对高职院校教育教学的基础理论内容进行详细研究。

第一节　高职院校创新创业教育理论基础

一、概念的界定

高职院校创新创业教育的核心，就是要启蒙学生的创新意识和创业精神，这就需要了解创新型人才的素质要求，了解创新创业的概念、要素与特征等，掌握开展创新创业活动所需要的基本知识。

（一）知识型创业

知识型创业的概念是在转变经济发展方式的前提下提出的。在知识社会条件下，创新驱动是由创新创业过程组织起来的。在创新驱动的过程中，所需求的创业者是接受高等教育的群体，这类群体被德鲁克称为“知识劳动者”。而非一无所知的劳动者。“知识劳动者是创新驱动经济中的主要创业群体。”这就提出了不同于前知识社会里“古典创业”的知识型创业，它是以创新为基础的创造性思维训练。

知识型创业又称知识溢出创业（knowledge spillover entrepreneurship），有研究者认为，将创业这一过程作为知识溢出或知识再造的一种表现形式，认为知识接受者将获取的知识、自身知识及其周围环境凝聚起来并相融合后，更容易挖掘出新知识、制造出创业的新机会；同时，知识型创业的承担主体是知识劳动者，即接受过高等教育的大学生群体，因为这些群体有丰富的知识存量和比较完备的知识结构，有利于新观念的产生。并且，其在知识存量和创新能力上的优势是其他群体无法与之媲美的。受教育程度越高，接受创新过程就越迅速、越彻底，从而就越能产生新发明，越能适应环境与事态变迁，更易于开展文化交流活动，更易于走向现代化。罗杰斯概括了最易于接纳创新的人的六大特点，全部同教育水平有关，但他还是把“受过较好教育”和“较有文化”列为第一、第二特征，以示强调。

知识型创业，顾名思义，是具备较高知识含量的创业活动，外国学者也早实证了那些没有被商业化的知识是创业机会极其重要的来源之一，这些知识往往是在现存的企业中被创造出来的，知识型创业被看作创业过程中知识溢出的一种形式和结果，新创企业在将知识预以商业化、企业化的整个进程中完成了逐步创新的拓展及蔓延，而且知识型创业整个进程也是创新能力的吸取与聚集、凝结的进程，创新能力凝聚很可能是获益于需求条件、企业决策、生产要素等一系列外生性因素。但最核心的内生性变量是产业知识的吸取和其创新能力。可见，知识型创业活动完全可以认为是在区域创新网络下形成的若干吸引因素，既可巩固、拓展已有的创新型集群和创新网络，也可以在相应环境下培育或是助成新的创新型集群呈现。

知识型创业的特点是有效利用知识、技术、智慧与创造力去创办新企业、新的市场，核心点与关键点是一个“创”字。企业或是基于知识与技术创办的新企业、新市场，或是通过他们的自主创新在企业内进行创业，以此通过不断创造新财富和新知识价值来满足经济和社会发展需求，从而继续获得更好的生存与发展机会。创业学研究者杰克·M. 卡普兰将创业者与普通企业家分离开来，将“创业型企业”与普通小企业分离对待，认为“尽管全部企业家与创业者都曾或正在开办新企业，但并非所有新企业都属于创业”。普通的老板不能享受企业家与创新者的桂冠。从知识分工的存在必然发生知识劳动，与传统资源性的创业不同，知识型创业所面对的，不仅是物质资本的有效组合，更多的是知识驱动、创新驱动，是洞悉各项知识之间的互补性。

知识经济的发展使人们看到了知识型创业所带来的巨大经济价值和社会价值，同时也在增强国家竞争力中确立了知识创新和创业的重要地位。越注重将增强知识创新能力放在国家全面建设突出位置的国家，其知识经济就越发达。现有大量案例研究发现，知识型创新创业在社会和经济发展过程中做出了重大贡献。

（二）人才培养模式

人才培养模式指在一定的教育思想和教育理论的指导下，为实现培养目标而采取的教育教学组织样式和运行方式。这些组织样式和运行方式在实践中形成固定的风格和特征，具有明显的计划性、系统性和范型性。专业设置模式、课程体系状态、知识发展方式、教学计划模式、教学组织形式以及非教学或跨教学培养形式等都是培养模式的各要素，它们都是培养过程中为实现培养目标而带方向性的管理内容，而且彼此之间存在着内在的逻辑关系。

培养模式的构成是一个颇有争议的问题，由于建立人才培养模式的准则不同，其人才培养模式也会不一样，尽管提法众多，但是，人才培养模式主要由以下几个要素构成。

1. 培养目标

培养目标可以有多种表达方式，《教育大辞典》对培养目标的解释是教育目的或各级各类学校、各专业的具体培养要求，一般包括人才根本特征、培养方向、培养规格、业务培养要求等内容。培养目标受社会对人才类型、规格的需要与学生的基础条件及全面发展要求的共同制约，它是培养模式中的决定因素。人才培养目标，即培养者对所要培养出人才的质量和规格的规定。一般可以表述为：培养社会发展需要的、具有某些素质的全面发展的人才。这里全面发展指个体身心和谐地发展，并不是样样精通、百科全书式的通才。

2. 培养内容

人才培养内容是培养者作用于培养对象的影响物。学校人才培养内容是以课程的形式体现出来的。这里所指的课程除了课程表中所规定的课程外，还包括配合课内教学所组织的课外活动，以及在整个学校生活中教师与学生集体的价值观、态度、行为方式等校园文化因素对学生的影响。

3. 培养过程

培养过程是为实现培养目标，依据人才培养制度的规定，运用教材、实验实践设施等中介手段，相互配合，以一定方式从事教学活动的过程。因而培养过程是人才培养模式的本质属性，它包括专业设置、课程体系、培养途径和培养方案等要素。

4. 培养制度

培养制度指有关人才培养的重要规定、程序及其实施体系，是人才培养得以按规定实施的重要保障与基本前提，也是培养模式中最为活跃的一项内容。它主要包括专业设置制度、修业制度和日常教学管理制度三类。

5. 培养评价

培养评价指依据一定的标准对培养过程及所培养人才的质量与效益做出客观衡量和科学判断的一种方式。它是人才培养过程中的重要环节，对培养目标、制度、过程进行监控，并及时进行反馈与调节。

因此，人才培养模式在人才培养中既不属于内容范畴，也不属于纯粹的形式范畴；既不属于目的范畴，也不属于结果范畴。培养模式的根本属性，表现在它是一种过程范畴，即它是一种对于培养过程的设计、建构和管理，是关于人才培养过程状态的总体性表述。

（三）高等职业教育

按照联合国教科文组织关于《国际教育标准分类》规定，“标准分类”将教育分为7个等级，学前教育为0级、小学教育为1级、初中教育为2级、高中教育为3级、高中与大学之间有一段补习期教育为4级、大专、本科、硕士研究生教育为5级、博士研究生教育为6级，而大专、本科、硕士研究生教育（5级）又分为学术性为主的教育（5A）和技术性为主的教育（5B）。

与普通高等教育培养学术型、工程型人才相对应，高等职业教育培养的高级技术应用型人才，其根本目的是在高中文化的基础上，培养生产、经营、管理和服务第一线急需的既掌握一定科学技术知识，又具有很强的专业技能，能把先进的科学技术转化为现实生产力的高级技术型、应用型人才。《中国教育百科全书》对于高等职业教育的解释是“通过学校教育和职业技术培训，把那些中等职业技术学校的毕业生、普通高中毕业生及具有相应文化水平和实践经验的中级技术工人，进行为期一年（若专业需要还可增加一年）的教育，其中重点培养学生的实际技能，使其成为社会生产部门第一线需要的高级应用型人才和高级技术工人”。

目前，大家普遍接受的高等职业教育定义是：为适应经济社会发展的需要和个人就业的要求，对受过一定教育的人进行职业素养特别是职业能力的培养和训练，为其提供从事某种职业所必需的实践经验的一种较高层次的教育。在我国，高等职业教育是高等教育的重要组成部分，是职业教育的龙头。它是特殊类型的高等教育，是以职业岗位为导向，以职业技术能力为基础的新型高等技术教育，具有非常强的实践性，它与普通教育相互沟通，共同构成了我国现行高等教育体系。

（四）高等职业教育人才培养模式

高等职业教育人才培养模式是在一定的教育思想指导下，为实现高等职业教育人才培养目标而采取的人才培养活动的组织样式和运行方式。高等职业教育人才培养模式主要包括培养目标、培养内容、培养过程、培养评价、培养制度五个方面。

同时，其相对其他人才培养模式，具有丰富的内涵特点：

（1）高等职业教育人才培养模式是一种教育思想，凝聚着教育主体对高等职业教育的认识，主要包括高等职业教育主张、教育理论和教育学说等。

（2）高等职业教育人才培养模式是一种有明确目标的活动，以培养生产、服务和管理第一线的应用型高级技术人才为目标，这一目标既体现了社会对高等职业教育的要求，也是高等职业教育发展的依据。

（3）高等职业教育人才培养模式所涉及的人才培养活动，既包括学校的教育、教学和管理活动，也包括由学校设计并组织的校外教育教学活动。

(4) 高等职业教育人才培养模式是一种组织样式和运行方式，人才培养是多要素参与的集体劳动成果。

二、概念间的关系

(一) 创新与创业

在西方文化中，“创业教育”的内涵是一个不断演化的过程，有历时性。目前将创业教育、企业家精神和创业精神共同使用“entrepreneurship”一个词语来表述。而在我国，大部分高校一直将创业教育偏向围绕着创业技能培养、创业实践活动而开展实施（狭义的创业教育）。可见，对高校“创新创业教育”的研究，就是在当下经济发展方式转变、急需创新型人才投身创业活动的特殊阶段，对以创新意识、精神、能力培养为目的创业教育的不断探索与研究，更符合世界高等教育改革的发展趋势。将“创新”的理念渗透、融入创业教育中。从受教育者的行为主体，从生存发展的命题，从“知行统一观”的角度着眼，将创新创业教育作为一个完整的范畴研究分析，在理论上是成立的。

“创新”“创业”两者都强调“创”，亦即强调一种开始，一种从“无”中生“有”的意蕴，简单说，两者都突出强调创造性提出问题、分析问题和解决问题，内在都蕴含着开创精神，其共同目标与追求都是培养创新创业型人才。与广义上的“创业”教育的内涵相比，我们把“创新”的理念渗透、融入以往的创业教育里，强调这种教育是培养更多的有创新精神和能力的优秀创业者，使他们投入到创业活动中，并非是就业困难的学生为了谋生而不得不去创业。为此提出了“创新创业教育”的新定义。所谓创新创业教育是指以培养受教育者的创新精神、创业意识与能力为基本价值取向的教育理念与教育模式。

新概念通常蕴含着新的理念。创新创业教育表达着一种与时代精神相吻合，与社会发展需要相适应的新理念。如将创新与创业相对比，创新为“里”，创业为“表”，创新比创业更根本。实质上，创新教育更重视对受教育者全面发展的全局掌控，创业教育更重视的是受教育者如何实现自我价值，两者是互相制约又互相推进，具有紧密相连的辩证统一关系。从某种角度上说，创业能力的强弱映射出一个人的创新与实战能力的高低；创新是创业的基础，创新教育的最终效果，需经历其培育的各类人才在将来创业工作的实效中进行充分验证，它以创业作为验证的载体和最终效果的表现模式，创业是否能成功完全依赖于创新教育根蒂的坚固程度。创新教育与创业教育交叉、紧密、叠加，彼此蕴含，以集合的视角，将创新教育与创业教育作为一个整体来推进和研究，已经是经济增长方式和教育发展改革的必然趋势。

在教育过程中特别强调为使其能够在实践活动中独自去发现问题和解决问题，并在其中提出自己的新观点、新构思和创造有价值的东西，加强自我创业意识和展示创新操作能力，进而成为具有较高素质的社会主义现代化建设者。在创新设计、创业发展中，依赖单纯的传统理论教学早已不能实现，必须着重加强创新和创业做引导，借助长期积累的实践经验，以策动和敞开式为教学模式和理念，促进学生成为自主创新的探求者，转变过去的被动适应。创新创业教育实现了知识教育和智慧体悟、教育民主化与个性化、解决生存问题与提升生活意义的有机结合。它是素质教育的具体化，是素质教育的题中应有之义，更是对素质教育的新指认。创新创业教育所涵盖的基本素质是受教育者全部素质培养中最重要的部分，也是素质教育极为重要的部分和落脚点。通过充分发挥学生的自觉性和独立性来培养学生的创新精神，通过开展实践活动来提升创业素质，通过理论联系实际满足社会对创造能力的培养需要和适应市场经济的需求。

人类文明步入知识社会以来，社会经济发展日益密切依赖于人的创新创业活动。创新创业精神是人类探索世界和开展创造性物质实践的本性。创新创业教育是将素质教育的感染作用进一层融入的一种新形式。全面提高学生的素质，集中体现了教育的效果、质量和收益。但在自发秩序下，社会所能够输出的创新创业才能已经远远不能满足知识经济发展的需要，而在先行迈入知识社会的国家里，通过大规模的教育来鼓励、培养和输出创新创业才能已经成为高等教育为社会经济发展服务的明确任务。

对于我国来说，高等院校必须坚持在党和国家的教育方针指导下，开展和实施创新创业教育，对于建设创新型国家和实施以创业带动就业战略的实施具有重大意义。创新创业教育明确了"面向全体学生""结合专业教育""融入人才培养全过程"，表征着一种教育理论、一种教育体制、一种新的教育实践，是对当前国家发展战略在教育领域中的新确证和新响应。

（二）创新教育和创业教育

高校开展创新、创业教育，实际上是把学生进行素质教育、创新教育、创业教育有机互为融合，提升学生们的综合素质，进而以促进学生全面发展。由此可见，培养学生创新和创业精神、能力是实施素质教育的重点，在人才培养目标中三者应保持高度的一致性。当受教育者具备创新观念和愿望，加上实战能力和机遇把握，创业的成功就将指日可待。创业是因创新观念而致的一种行为，它与创新概念内在价值的侧重，径直影响到高校创新创业教育思路的出发点和目标设立。

创新教育重视对人的发展的总体把握，是以培养受教育者的创新素养、提升受教育者的创新潜能为最终宗旨，区别于以往守旧式传统教育的被动吸收或一成不变式教育模式，将创新的活动力融入于教育活动；创业教育则重视对人的价值的具体体现，是指以培养学生的创业意识、精神、素质为宗旨，使其形成创业初步管理技能的教育活动，以此满足社会生存需求、促进经济社会的全面发展。创业教育的有限性决定着创新教育迟早都要全面回归到教育制度设计的总体上。创业教育所承担的创新教育内容，在范围上应以不影响创业教育自身的专业化进程为界。创新与创业教育是两个不可分离的教育理念，二者的价值取向目标是一致的，均是对受教育者创新精神与实践能力的培养，尽管两者提出的问题的时间先后与角度不同，但已成为历史性的课题在新时代被提出，都是大力推动实施素质教育的核心内容。其被视为一种新的教育思潮，创新教育与创业教育应该是一个统一的系统。

素质教育强调受教育者的全方位发展，以解决受教育者如何“成人”的问题；而创新教育着重关注受教育者的全面发展，以解决受教育者如何“成才”的问题。创业教育着重关注受教育者自身自我价值如何体现、完成，解决的是“成家立业”的问题。所以创业教育与创新教育目标取向一致、内容本质相通、功能作用相同，它们之间互为依存又互为制约，具有息息相通的辩证统一关系。创新教育以创业教育为最终目标，创业教育以创新教育为本质与核心，创新教育是素质教育的重点之所在，其目标是培养具有创新意识和精神，成为创新型人才，来适应国家经济发展的需求。创业教育是全面推近素质教育的重要突破口和实施的关键。使受教育者创新理念、创造思维、开拓精神、学习品质、专业能力等方面贯穿于教育实践的不同方位，真正实现教育活动由过去空泛的应试教育走向具有灵魂的素质教育。因此创新与创业教育是素质教育的高质地、高层次、高呈现的一种活动过程。通过以上关于三者关系的论述，清晰梳理了素质教育、创新教育与创业教育三者的关系。

受教育者在实施素质教育中创新能力培养的过程，是对受教育者创业能力培养的内在要求和支柱；受教育者在实施素质教育中创业能力培养的过程，也是受教育者创新能力的准确呈现和尝试。积极努力地在高校进行创新和创业教育活动，提高自主创新能力，是高校创业教育理念由“技能型”到“素质型”的转型升级过程，标志着创新与创业素质培养已经逐步融入人才培养理念之中，从而进一步落实我国创新型国家建设的战略。

（三）知识型创业和创新创业间的关系

“经济发展方式转变”的调整方向和主线是“创新驱动”，影响经济发展方式转变的最根本因素是创新。没有创新，无以开展知识型创业；没有知识型创业，创新难以注入经济发动机当中。正是在这样的背景下，创新创业第一次被联系到一起，使创新成为创业的核心问题。企业家只需要创生一个有远见的新观念，就足以使某些知识经组合后的有用性增加。“创新驱动”依赖人力资本的不断创新，产生“知识溢出”，只有大学生这样接受过高等教育的知识劳动者才有可能承担起创新驱动的重任。可见，知识型创业是创新驱动的发动机。创新创业教育能够提供适应“创新驱动”的人力资本积累，即从主要关于制造的知识转向创造的知识。它的内容组织目标，是围绕知识型创业为核心的创业形态。虽然大学生群体为数众多，但由于受创新创业教育不足影响，他们的创新创业能力还远远没有达到与中国人力资本密度相称的水平上，这导致全社会创新创业能力不足，成为制约“经济发展方式转变”的瓶颈。创新驱动是由创新创业过程组织起来的，依赖于创新创业活动，创新创业教育是“创新驱动”的源泉。

从“资源驱动”转变到“创新驱动”阶段，关键问题有两个。首先是人力资本积累，其核心是通过扩张高等教育的规模，尽可能地将简单劳动者转换为知识劳动者，以使他们的人力资本含量和所能激发出的创造力与“人力资本驱动”经济的需要相适应。这一积累过程始自20世纪末的高校扩招。尽管它在初期曾备受争议，但鉴于转型的迫在眉睫，仍然是当时必需的战略选择。其次是“知识就是力量”，即知识—资本—创新—增长的现实演化路径。科学知识的核心是确立与转型相适应的理论共识，以适应和指导这一转型期的经济和教育政策。两个问题中，前者的目标已经确立并得到相应实施，后者在理论和实践上还处于探索阶段。

“创新驱动”是以知识为基础的经济发展方式。创新驱动是为了探讨知识成为生产力的组织机制。知识型创业，即在创新的基础上，提供知识密集的产品或服务的创业类型，包括发现新知识、应用新知识、已有知识的新应用、不同知识的新组合等。把知识作为变量建立起一个内生增长理论，经济学上称作新增长理论，证明了知识型创业是创新驱动的发动机。“创新驱动”与创新创业教育就是如此息息相关，它要求高等教育提供的是能够适应“创新驱动”，而不再是传统模式的人力资本积累，即从主要是关于制造的知识转向创造的知识。知识型创业的主体是知识劳动者，即大学生群体是知识型创业的承担者。真正发挥创新创业教育对人、社会经济发展的促进作用，首先离不开的是高等教育的支持，因为高素质的社会劳动者是我国高校创新创业教育的主要教育对象，在现阶段乃至今后一段时间内仍是具有较高素质的一类群体，开展创新创业的同时更离不开创业者多年来在高等教育中拥有的背景与积淀的知识。这就要求高等学校应继续提高对创新创业教育的认识，树立创新创业教育的理念，将大学生的创新精神和创业能力培养作为高等学校基本目标之一，并形成有自身特点、结合实际的创新创业教育理论和实践体系，提供“鼓励每一个人在每一个方向上创新”的教育环境；开启心智，把我们尽可能多的有希望的方向和价值观展示给我们的学生，使一些优秀的知识劳动者能够投身创业，最大化释放他们的创新与创业能力。努力培养学生成为合格的求职者、岗位的创造者、企业创新的推动者、国家创新的主力军。如果正规高等教育无法提供适应“创新驱动”的知识劳动者，那么我们不难想象，创新创业教育的职能就只能由社会，更确切地说主要是由企业来承担，这意味着大量知识劳动者个体可能由于教育的失误而错过创造力养成的最佳学习窗口。同时，这种状况的持续可能导致的最严重后果，或将使中国错过最佳的调整机遇。

三、基本理论

创新创业教育是以培养具有创业基本素质和开创型个性的人才为目标，不仅仅以培育在校学生的创业意识、创业精神、创新创业能力为主的教育，而是要面向全社会，针对那些打算创业、已经创业、成功创业的创业群体，分阶段、分层次地进行创新思维培养和创业能力锻炼的教育。创新创业不是凭空臆造的，它是建立在知识的传播、转化和应用的基础之上。高职院校培养创新人才绝非为教育创新而创新，而是有着厚重的理论底蕴作为支撑。

（一）人力资本理论

所谓人力资本，指凝聚在劳动者身上的知识、技能及其所表现出来的能力。人力资本理论的产生可以追溯到18世纪。早在1776年，现代经济学的创始人亚当·斯密就在他的代表作《国民财富的性质和原因的研究》中指出，个人通过学习所获得的已成为个人能力一部分的知识和技能，也应视作社会财富的一部分，是社会固定资本的组成部分。

随着经济和科技的发展，到20世纪中叶，学者们对人力资本的研究开始系统起来。其中最杰出的代表人物当属美国的西奥多·舒尔茨，他在其名著《论人力资本投资》中指出："事实证明，人力资本是社会组织和个人投资的产物，其质量高低完全取决于投资多少。"人力资本是关于人口质量的投资，它比物力资本更加高效，在人力资本形成的各种途径中，教育是一条最重要的途径。西方大多数专家指出，教育是一种生产性投资，它对经济增长具有举足轻重的作用。在人类所拥有的一切资本中，人力资本是第一宝贵的，自然成了现代管理的核心。更好地提高人力资本的管理水平，不仅是发展经济、提高市场竞争力的需要，也是一个国家、一个民族长期兴旺发达的重要保证，更是一个现代人充分开发自身潜能、适应社会、改造社会的重要措施。因此管理好人力资本有着重要的意义。

（1）通过合理的管理，可以实现人力资源的精干和高效，取得最大的使用价值，同时，人的使用价值达到最大等同于人的有效技能的最大发挥。

（2）通过采取一定措施，可以充分调动人力资源的积极性和创造性，也就是最大限度地发挥人的主观能动性。调查发现，按时计酬的员工每天只需发挥自己20％～30％的能力，就足以保住个人的饭碗。但若充分调动其积极性、创造性，其潜力可发挥出80％～90％。

（3）通过教育和培训，人力资本的效能不断提高。人类社会的发展，无论是经济的、政治的，最终一切为了人本身的发展。马克思指出，教育不仅是提高社会生产的一种方法，而且是造就全面发展的人的唯一方法。随着社会的发展，教育和培训在人力资源开发和管理中的地位越来越高。

21世纪的中国处在一个知识经济时代，也是一个创业的时代，此源于日益激烈的人才竞争、严峻的就业形式以及国家经济发展方式的转变，于是对人才的素质、对人才开发的力度和高校人才培养模式也有了新的要求。除了要求大学生掌握知识、技能外，还需着力提升大学生的文化修养、企业家精神、创新创造能力，以提高其综合素质。

人力资本理论为创业人才的培养提供了理论依据，创业人才的培养是时代的要求，高校培养出来的创业人才是经济发展和社会进步的有力推动者。

（二）实用主义教育理论

实用主义教育理论于19世纪末在美国兴起，是以批判赫尔巴特代表的传统教育学为基础，以美国实用主义文化为背景建构起来的一股教育思潮，它深深地影响了20世纪全球的教育理论的研究和实践。实用主义教育理论代表人物有美国哲学家、教育学家杜威(John Dewey，1859—1952）和克伯屈（W. H. Kilpatrick，1871—1965）等人。

杜威非常重视教育过程中师生之间的合作关系。他认为，在教育过程中激发学生自己发现问题、解决问题，并不是指教师可以袖手旁观，保持沉默，而是共同参与学生的活动。在这种共同参与活动的过程中，教师或学生越少意识到自己在那里施教或受教就越好。杜威反对那种依靠威吓和压制的方法进行教育和教学，要求各门课程的教学过程成为师生合作的相互作用的过程，成为师生两方面作为平等者和学习者共同参与的过程。

实用主义教育理论的观点总结如下：

第一，教育即生活，教育的过程和生活的过程是合二为一的，而不是为将来的某种生活做准备。

第二，教育即个人经验的增长，教育在于让学生在真实的情境中增长自己的经验，这是教育的最终目的。

第三，教育即成长，是个人经验的增长过程。

第四，学校的课程是以学生的经验为中心的，打破了原来以学科为中心的课程体系。

第五，教育教学中不再以教师为中心，教师只是学生成长的帮助者，学生才是教育教学的中心。

第六，在教育教学过程中，要注重学生的创造性的发挥，提倡让学生在学习的过程中独立探讨、发现问题。

在当今社会依然认为实用主义教育哲学拥有它的极大社会价值，认为当代“杜威教育思想依然是有生命力的”。

总之，实用主义教育理论所倡导的以学生为中心、活动课程、做中学为特色的教学思想，为教学思维的改变和教学模式的更新，以及创业人才的培养策略提供了理论基础。

(三) 创新型国家理论

通常，人们按照实现工业化和现代化道路的不同将国家进行划分：有些国家主要依靠自身丰富的自然资源增加国民财富，例如中东产油国家，即资源依赖型国家；有些国家主要依附于发达国家的资本、市场和技术，例如一些拉美国家，即依附型国家；还有一些国家把科技创新作为基本战略，大幅度提高科技创新能力，形成日益强大的竞争优势，国际学术界把这一类国家称为创新型国家。创新型国家指以技术创新为经济社会发展核心驱动力的国家。主要表现为：整个社会对创新活动的投入较高，重要产业的国际技术竞争力较强，投入产出的绩效较高，科技进步和技术创新在产业发展和国家的财富增长中起重要作用。

作为创新型国家，至少要具备 4 个特点。

①创新投入高，国家的研究开发投入占 GDP 的比例一般在 2%以上；②自主创新能力强，国家的对外技术依存度指标通常在 30%以下；③科技进步贡献率要在 70%以上；④创新产出高，目前世界上公认的 20 个左右的创新型国家所拥有的发明专利数量占全世界总数的绝大部分。

为了在竞争中赢得主动，依靠科技创新提升国家的综合国力和核心竞争力，我国把推进自主创新、建设创新型国家作为落实科学发展观的一项重大战略决策。创新型国家理论在我国不断地渗入。

高职院校在国家整个创新体系建设中扮演着特殊的角色。它肩负着生产、建设、服务、管理第一线的专业知识和科技创新的使命，承担着培养创新人才的重要任务。而创新人才在推动生产一线科技成果转化、服务社会主义现代化建设等方面发挥着不可替代的作用。因此，培养创新人才是建设社会主义现代化、实现全面建设小康社会的重要环节，也是建设创新型国家的应有之义。

(四) 人的全面自由发展理论

马克思在《共产党宣言》中概括了共产主义新人形象的本质特征，那就是“每个人的全面而自由的发展”。所谓“人的全面自由的发展”，蕴含两方面内容：一是人的性格和智慧得到全面的合理的发展，具体地说，就是在道德、智力、情感等方面得到全面、和谐的发展。二是人的个性和才能得到自由自主的发展，具体地说，就是进行自由的生命活动和自觉的创造活动。“一切人的自由发展”与“每个人的自由发展”及其辩证关系，构成了马克思“人的全面自由发展”理论的基本内容。

在马克思看来，人的全面发展还包括个性自由、人的性格、智慧等方面的发展。传统教育模式以培养适应社会政治经济发展的人才为目标，在教育实施上有着重共性、轻个性的倾向，这显然与人的全面自由发展相违背。从学界对创新人才的界定上看，对创新思维、创新能力、创新品质和意志等方面的要求，本质上是以人的全面自由发展为依据的。同时，推进人的全面自由发展，与促进社会、经济、文化的发展，是互为前提和基础的。人越是全面自由发展，社会的物质精神财富就会创造得越多；反之，社会物质精神财富越充分，越能推进人的全面自由发展。

人的全面自由发展理论已经充分地渗透到当前高等教育实践中。中央创造性地提出了“以人为本”的科学发展观，将人的全面自由发展与整个社会的和谐发展联系起来。可以说，创新人才的最高标准即是个性全面自由发展了的人，培养创新人才是高职院校践行科学发展观的客观要求，为此高职院校应转变教育观念、确立“以生为本”的教育理念，遵循青年心理和生理发展的科学规律，主动进行高素质人才培养的教育实践活动。

（五）创新教育理论

目前，大多数人认为，高职教育，是培养生产一线的高技能劳动者，只需要按设计师设计出的图纸和建造方案实施，基本没有创新的空间与需要。因此，高职教育只注重工艺、技术的训练与规范、标准的教育。但是人不是机器，现代人的劳动，都是创造性劳动。生产实践是技术与能力提高的本源。高职教育之所以倡导校企合作、工学结合，推行工作过程系统化教学，其出发点就是把课堂教的死知识、工艺规范与生产实际相结合，充分发挥人在劳动过程中的主观能动性、创造性，主动学习，深刻领会、体悟操作人机对话过程中隐含的知识、规律与问题。高职院校预期培养生产一线的劳动者，迫切需要来自生产一线的鲜活知识。教材，永远落后于社会实践，永远不可能复制实践中的全部知识，尤其是劳动过程中的隐性知识；教师传授的知识与技能，都是规范化、系统化、理论化了的再加工知识，遗漏、缺失、偏差、固化、表述不准等，不可避免。

根据知识能否清晰地表述和有效的转移，可以把知识分为显性知识（Explicit Knowledge）和隐性知识（Tcit Knowledge）。社会生产、生活具体行为中的隐性知识大量存在，需要有知识基础的“有心人”去发现、概括、总结、提炼提出解决方案，一个一个隐含的问题被攻破、被解决就是技术进步。技术进步不是在某一时刻的突变，而是日积月累的渐变。

隐性知识到显性知识的转化是一个建立重复利用知识体系的过程。它重点强调的是信息采集、组织、管理、分析和传播。在这一过程中，信息在不断聚合过程中产生新的理念。私人知识并不能直接共享，可以进行传递的仅是知识中的有关观点和信息。他人在接受信息后，要对其进行深入地感知、理解和内化，然后才能形成自己的新知识。

内化，意味着新创造的显性知识又转化为组织中其他成员的隐性知识。显性知识隐性化的目的在于实现知识的应用与创新。知识的创新与应用是知识管理的终极目标，组织能否在竞争中占有优势取决于组织能否充分利用组织的知识，能否不断地创造出新的知识，进行知识的更新。从隐性到显性，再从显性到内化，组织竞争力得到提高，知识管理完成一个基本循环。

上述由创造知识到提高技术的转化过程，隐性知识向显性知识的转化是核心，是知识生产的最直接和最有效的途径。生产组织中员工个人的隐性知识是企业新知识生产的核心。如何有效地激发个体的隐性知识，避免转化过程中的障碍，增加转化方式的互动作用，将影响企业新知识产生水平。

生产一线的劳动者，除把隐性知识转化为显性知识这一创造新知识的功能外，现代工业社会劳动本身就是智力运用与创造的过程。

高职院校培养的是高技能专门人才，是生产一线的劳动者，他们的劳动过程就是新知识的生产过程、智力运用过程、创造性劳动过程。高职教育如果没有创新教育的内容，只能认为我们的高职教育是在给机器输入程序，而不是培养活生生的人。若培养的是人，而且是人才，就必须把创新教育作为核心内容。

（六）蒂蒙斯创业理论

创业理论源于18世纪时entreneur（创业者，企业家）这一词的出现。随后有关创业的研究逐渐多起来。学者们从各自不同的视角对创业相关的创业现象、创业本质、创业理论进行了探讨。杰弗里·蒂蒙斯（Jeffry A. Timmons），是富兰克林·欧林创业学杰出教授，是创业管理教育领域的权威人士，1999年起成为美国国家创业委员会的特别顾问。蒂蒙斯对创业过程模型给出了经典的诠释：

第一，商业机会是创业过程的核心驱动力，创始人或工作团队是创业过程的主导者，资源是创业成功的必要保证。

创业过程始于创业机会，而不是钱、战略、网络、团队或商业计划。开始创业时，商业机会比资金、团队的才干和能力及适应的资源更重要。在创业过程中，资源与商机间经历着一个适应—差距—适应的动态过程。商业计划提供沟通创业者、商机和资源3个要素的质量、相互间匹配和平衡状态的语言和规则。

第二，创业过程是商业机会、创业者和资源3个要素匹配和平衡的结果。处于模型底部的创始人或工作团队要善于配置和平衡，借此推进创业过程，他们必须做的核心过程是：对商机的理性分析和把握，对风险的认识和规避，对资源的最合理的利用和配置，对工作团队适应性的分析和认识。

第三，创业过程是一个连续不断的寻求平衡的行为组合。

在3个要素中绝对的平衡是不存在的，但企业要保持发展，必须追求一种动态的平衡。保持平衡的观念展望企业未来时，创业者必须思量的问题是：目前的团队是否能领导公司未来的成长、资源状况；公司下一阶段想要成功所面临的陷阱。这些问题在不同的阶段以不同的形式出现，牵涉到企业的可持续发展。

蒂蒙斯创业理论对创业相关的商业机会、创业者、资源以及它们之间的关系进行了详细的分析，诠释了创业过程的含义。蒂蒙斯创业理论为如何培养创业人才，从哪几个方面入手培养，创业人才应该具备什么样的素质提供了一定的理论参考，具有方法论的意义。

第二节　高职院校教学模式建构理论

高职教育虽经过几十年的发展历程，规模不断扩大，办学模式趋向多元化，但人才培养目标和人才培养模式至今尚欠完善，人才培养质量很难保证，这既影响高职教育的可持续发展，也会制约经济与社会的发展。适应形势变化，确立与社会需求相适应的高职人才培养目标，构建创新的高职人才培养模式是社会发展对高职教育发展的必然要求，也是高职教育发展的生命力所在。

一、高职人才培养模式构建基本原理

根据高等职业教育与社会相互适应的理论，我们认识到：高等职业教育对社会的适应是全方位的；同时，高等职业教育对社会的适应，更着眼于未来。教育效果发生的长期性以及持久性，对高等职业教育社会的远见性而非短期性的适应提出了更高的需求。

因此，依据高等职业教育与社会相互适应的理论，结合中外人才培养模式的研究成果，我们在高职人才培养模式创新构建时，认为创新创业的高职人才培养模式的人才培养目标是培养与我国社会主义现代化建设要求相适应的，以社会、经济现实和未来发展趋向需求为导向的直接从事生产、建设、管理、服务第一线工作的高级技术应用型专门人才，这种人才主要是从事成熟理论与技术的应用和操作的高级技术和管理人员，他们在具有必备的基础理论知识和专业知识的基础上，有善于解决工程复杂问题的能力，重点掌握从事本专业领域实际工作的基本素质和基本技能，具有良好的职业道德和敬业精神。要达到这一目标，就必须为受教育者构建新的知识、能力、素质结构。

（一）知识结构的构建

高职学生的知识结构是不同内容、不同形式的知识在学生认知结构中所积淀的层次与比例的关系。知识结构是衡量人才培养质量的主要尺度之一。从当前的情况看，知识的基础化、综合化是构建高职学生知识结构的目标。

1. 知识基础化

知识基础化就是要把知识结构的重心放在基础知识、基本原理上。加强基础是应对多变社会环境的一种重要策略。基础知识是本源性知识，抓住了事物的共性，可以举一反三。一个人只有在工作和生活中凭借其在学生活动中获得的基础和自学能力，不断扩展自己的知识面，优化、更新自己的知识，才可能适应社会。高职教育既要重基础，也要重专业，二者比例要适度。

2. 知识综合化

综合不是简单的叠加，而是一种整合，使学科之间相互渗透，形成整体性概念真正起到的效果。一是在高新技术的教学应用实践中体会知识综合化的魅力，使学生学会用综合化知识解决专业性、技术性问题。二是注意人文教育与科学教育的渗透与迁移。要在科学教育中渗透人文思想，促进人文教学与科学教育的自然融合。

（二）能力结构的构建

能力指保证一个人顺利进行实际活动的稳固的心理特征和知识技能的综合能力，与心理活动的特征有关。高职学生的能力目前比较一致的看法是由以下 4 部分组成，即获取知识的能力、运用知识的能力、创造能力和职业能力。

1. 获取知识能力的培养

在获取知识能力的培养方面，提倡教师主导与学生自觉并重，充分发挥学生学习的主动性、能动性。在课程设置上，要以学习者为中心，在教学中充分体现教师主导和学生主体作用，使学生实现从学会到会学的飞跃。同时，要在学习中构建整体知识网络，注重知识的形成过程和知识的实用价值。这样有助于为学生的不断发展和终身学习打下基础。

2. 运用知识能力的培养

运用知识的能力指人在社会实践活动中运用所学到的知识去分析问题、解决问题的能力，特别是由此迁移到其他情景中分析、解决问题的能力。运用知识的能力与学习知识的能力的核心都是思维，但运用知识的能力偏重于活动，体现智力与能力的结合。培养运用知识的能力的关键，是让高职学生参加实践活动，真正发挥实践教学的功能。要针对专业特点、职业特点、技术特点、岗位特点开展实践活动，让学生用基础理论、基础知识指导实践，从实践中深化对知识的理解，实现知识与能力的融合。

3. 创造能力的培养

高等职业教育既重视向学生传授知识、技术，又重视学生职业素质、职业能力的培养，强调发展学生的个性和挖掘创造潜能，鼓励学生标新立异。同时，它强调企业、社会的参与，这样有利于学生创新意识与创造能力的培养。要培养高职学生的创造能力，重要的是开展主体性教育和个性教育，鼓励学生以发展的观点看问题，敢于突破常规和定式。目前应建立起以能力考核为主、常规测试与技能测试相结合的制度，重点考核学生运用知识解决问题的能力。同时，加强科研实训基地建设，引进新设备、新机器、新技术，开放实验室，营造创新氛围。

4. 职业能力的培养

职业能力指个体履行岗位的职业，承担本职工作，完成各项任务的能力。目前，我国企业职工队伍里初中文化程度的占多数，虽有人力成本优势，但产品服务的技术含量低，产品服务的竞争能力弱，限制了劳动生产力的提高。因此，高职教育在培养人才时，必须创设职业岗位环境，对学生进行职业道德、职业素养、职业技能等方面的教育，使学生毕业后能及时进入角色。

（三）素质结构的构建

素质结构按不同方法可划分为不同的单元，我们倾向于将人的素质划分为社会素质、自然素质和心理素质 3 种。高职教育培养的是社会需要的一线人才，高职学生素质结构除了不易改变的先天自然素质外，主要是社会素质和心理素质。

1. 社会素质的培养

社会素质属后天素质，它在素质结构中起调节作用。它一方面要以生理素质、心理素质为基础，另一方面又给这两种素质打上一定的社会烙印。它既引导个体做人，也引导个体成才。内化是社会素质形成的重要机制，它指个体从外部获得道德和知识，通过内省与吸收成为自我的一部分，使人形成一种好的涵养、好的气质，使个体的人成为社会的人。高职教育在培养学生的社会素质时，要充分发挥正面教育的作用，多树立正面的典型，使学生不自觉地向正面典型看齐，要注意纠正学生在专业课程与公共课程中的一重一轻倾向，避免因这种倾向造成知识的偏差、人格的移位。

2. 心理素质的培养

心理素质是人的所有素质中最容易产生危机的一部分。人的心理素质一旦潜藏危机，就会对个体的发展产生影响，甚至造成难以预料的后果。在国内由于高职教育开展的时间不长，社会的认可度不够，高职学生中的一部分人难免存在一些心理问题。因此，教师在培养学生的心理素质方面更应该加大力度。一要培养学生成就动机，使学生懂得人人都可能成功；二要创造运用良好的氛围，促使学生构造积极、适当的自我意象，引导学生正确认识自我，找准定位，不断创造自我；三要培养学生情绪控制能力，实行以性格培养性格，用情感培育情感，以情绪感染情绪，用情操唤起情操。

知识、能力、素质的划分是相对的，知识不经内化不能形成素质，内化了的知识不经运用，也不可能形成能力。高职教育应根据专业需求的不同，在基础课和专业课、专业理论教学体系与实践教学体系的安排上确定不同的比例，做到从实际出发，灵活多样。总之，高职创新创业教育需要随时代的发展而不断发展，在实践中不断完善。

二、人才培养模式创新的构建

构建新的人才培养模式就是怎样实现新的高职人才培养目标。即实现其知识、能力、素质结构要求的方式。因此，人才培养模式构建与专业设置、教学方式、课程体系、教师队伍以及实践形式等紧密相关，通过这些途径落实“以人为本”的教育理念，建立“能力核心”的培养模式，使高职院校能创建全面发展的人文环境，以期达到人性的全面提升。

根据新时期对高职人才的素质要求和国内外高职人才培养模式的现状，我们将新的人才培养模式概况为“两线并重、四位一体”的外向复合应用型人才培养模式。“两线并重”即理论教学与实践教学并重；“四位一体”即专业设置模式、教学模式、教师培养模式以及实践模式要实现有机结合，整体统一。

（一）专业设置构建以就业为导向

高职教育能否满足社会需求，一方面体现在其培养目标是否与社会经济的发展对人才素质的要求相一致，另一方面则体现在其专业设置是否与生产结构的经济发展变化相适应，也就是要建立专业结构与产业结构相适应的专业设置模式。

专业结构是国家现实经济的反映，是与一定历史时期的经济发展和产业结构相联系的，它直接或间接地反映了经济和社会发展的需要以及经济结构的特点。是否同经济和社会发展相适应，是衡量专业结构是否合理的根本标志。同时，“专业能力”是高职学生能力的一个很重要方面，高职院校设置的专业，符合本地区产业发展的需要，培养对口的人才，就会受到用人单位的欢迎与支持，推动本地经济的发展。高职院校要较好地为本地区经济建设服务，面向市场办学，必须了解本地区经济发展的产业结构状况和它的需求。也就是要了解本地区经济发展都有哪些产业部门和它的隶属关系。例如，第一产业都有哪些门类，第二、第三产业又有哪些门类，哪些是劣势次要产业，并在这些基础上做好人才需求预测，同时，还必须以科学发展观，即发展的、动态的、变化的观点，探讨本地区产业结构未来发展变化的趋势。明确哪些是本地区发展并大有前途的产业，哪些是本地区正在逐渐被淘汰的产业，哪些是将随着科学技术的进步和生产力的发展，必然要兴起的产业。

高职院校应该不断调整服务方向，优化专业结构，增加社会急需的新专业，改变就业形势不好的旧专业，取消没有就业市场的老专业，使新旧专业相辅相成，合理搭配。专业设置要考虑学校本身办学条件，如现有的师资、设备及原有的办学专业基础。专业设置数量要适当，既要避免专业过多，力量分散，影响培养实用型人才的质量和增加就业的压力，又要注意专业数不能太少，学科设置单一，影响办学的经济效益。专业设置要随着时代的需求不断改变，要与科技、经济、社会的发展相适应。

（二）教学模式改革以培养学生职业能力为宗旨

教学模式特指反映特定教学理论逻辑的，为完成某种教学任务而采用的相对稳定而具体的教学活动结构。利用某一种模式，人们可以将教学活动或过程分解为某些关键调控教学活动的一整套方法体系。教学模式是教学理论与教学实践的中间环节。它通过简化、微缩的组成要素规定和调控教学活动。

根据建构主义教学理论的兴起与发展，它对我们改革高职教学模式的指导意义在于：

第一，在教学中要充分发挥学生学习的自主性。由于学生是学习的主体，课堂教学不能采用简单的灌输方法让学生被动地接受新知识。教师应尽量引导学生进行探究发现学习，即主动发现问题，主动收集、分析有关信息和资料。

第二，在教学中要多开展情境性教学。职业教育是手脑并用的技术教育。既要培养学生的理论水平，又要培养学生的动手能力。根据各专业的特点开展情境教学，是培养学生职业能力的一种重要手段。在设计高职教学模式时，要注重教学过程的情境性，通过在一个情境中运用和操纵信息，来培养现实中要运用的技能。

教学设计应以学生为中心，以培养职业能力为宗旨。具体而言，这个过程包括如下几个部分：首先，了解相关行业的基本情况。主要包括本行业的一些宏观背景及行业内企业的数量和规模、生产技术水平，对第一线技术人才和管理人才的需求等。其次，根据“有效需求”原则，进一步分析相关的职业岗位的实际需求与分布情况，把专业培养目标分解细化，以便有选择地确定该专业的学生能完成哪些具体岗位工作。最后，进行有关的职业综合能力的分析与分解。职业综合能力主要由专业能力、方法能力和社会能力三项基本要素构成。对有关专业或专业方向进行职业综合能力的分析与分解，是高职专业教学设计中最重要、最具特色的一项工作。

（三）实践模式满足以职业资格证书就业准入制

职业资格证书制度是国际上通行的一种对技术技能人才的资格进行认证的重要制度，是我国确定的一项旨在全面提高劳动者素质的重要政策，是发展劳动力市场、促进职业培训和实现就业的重要手段。它是指按照国家制定的职业标准，通过政府认定的考核鉴定机构，对劳动者的职业能力水平进行客观公正、科学规范的评价和鉴定，对合格者授予相应的国家职业资格证书。

国家职业资格证书分为初级五级、中级四级、高级三级、技师二级、高级技师一级。

职业资格证书和职业技能鉴定是以国家职业分类为基础。新的《中华人民共和国职业分类大典》已经正式实施，划分为 8 个大类，66 个中类，413 个小类，1838 个细类职业。

所谓就业准入，指根据《劳动法》和《职业教育法》的有关规定，对从事技术复杂、通用性广、涉及国家财产、人民生命安全和消费者利益职业的劳动者，必须经过培训，并取得职业资格证书方可就业上岗。

为使高职教育培养的毕业生满足就业准入制的要求，必须构建新的模式。

首先，建立并优化教学体系。一是构建实践教学体系的目标体系，明确要求，抓住关键，落实保障措施。二是建立一个由基础课实验和基本工艺训练、专业课实验和课程设计、跟岗实训和毕业设计、课外活动和社会实践等组成的、较完整的梯次递进的实践教学体系。三是以技术应用能力培养为目标改革实训教学环节对实验较多的课程单独设置实验课，独立考核，减少演示性、验证性实验，增加工艺性、设计性、综合性实验，加强职业技能训练，在实习现场营造真实的现场工作氛围。

其次，根据“培养应用能力，满足就业需求”的原则，探索产学合作教育的途径。一是建立由校内专家和企事业单位的工程技术人员组成的专业委员会。专业委员会成员参与学校专业设置的论证、人才培养计划的制订、课程内容的确定等工作，保证人才培养规格适应工作岗位的要求。二是建立一批校外实践教学基地。学校选择一批设备工艺先进、管理水平高、适合学生动手操作、有利于发挥学生创造力的企业，注入一部分资金，作为学校的实践基地。三是经常组织学生到实践教学基地进行认知学习、课程设计和毕业实习。在校外实践教学基地实习期间，聘请现场的技术人员担任兼职教师，使学生有机会进入生产实际领域，获得真正的职业训练和工作体验。

最后，建立校内专业技能鉴定场所，提高学生技能鉴定通过率。具有设备、场所和技术等方面优势的高等职业学院可以在国家职业标准的统一指导下，在职业技能鉴定社会化管理体制的指导下，建立职业技能鉴定场所，开发相应的标准、教材、题库、考试技术及教务管理技术，使其成为先进的职业培训模式、鉴定方法和考试技术的实验中心，成为职业资格证书制度的示范窗口。这样既可以提高学生技能鉴定的通过率，又可以补充更新学校的实习、实训设备，使学生在充足的设备条件下学习技能，接受鉴定。

（四）构建“双师型”教师培养模式

师资水平是保证教育质量的关键，只有建立一支有特色的高等职业教育的师资队伍，才可能办出有特色的高等职业教育。要培养具备较高素质的人才，教师必须具备更高的职业道德和素质。要培养学生的专业实践能力，教师本身必须具备较强的专业实践能力。能力本位的培养模式要求教师具备更高的素质和能力，具有较强的创业能力和创新意识，在相应的学术领域中获得创造性的成就，只有建立素质高、能力强，以“双师型”教师为主体的师资队伍，才能在教学过程中激活学生的创新意识，塑造学生的创业能力。

抓好“双师型”教师的培养，应该重视以下 3 条途径：

一是培养自己的“双师型”教师队伍。加强教师专业理论水平和实践能力的培养，鼓励教师进修，建立其终身学习的观念。

二是建立高等职业教育师资培养基地，进行系统的高等职业教育的师资队伍的培训。为增强未来高等职业教育师资的专业实践能力，要鼓励他们参加技能鉴定，获取一定等级的专业资格证书，以提升实践技能。

三是规范兼职教师的聘任条例，从校外聘任一批既具有一定的本专业理论知识又具有丰富的实践经验和良好的职业技能的兼职教师，使他们通过专业理论及教育理论的培养和考试，取得兼任高职教育教师的资格。

发展、规范兼职教师队伍是我国高等职业教育未来发展的必由之路。高等职业教育办学的灵活性决定了学校不可能也没有必要面面俱到地建立一支庞大的专职教师队伍，否则随着专业适应社会需要的调整，势必造成人力、财力的极大浪费。

第三节　创新创业教育的开展

一、经济转型期的创新创业教育

要突出自主创新的效力，高职教育必须牢牢把握科技创新、结构调整和制度创新的维度来培养学生，要把科学技术进步和创新能力提高有机结合起来，使学生们在受教育过程中形成一种新竞争、新思维，经济转型期的创新创业教育有着自身的经济发展方式和特点。

（一）创新创业观念教育先于创新创业行为教育

创新创业教育的内容结构是创新创业观念与创新创业行为共同组成的。转变经济发展方式的这一背景，需要更多的优秀大学生投身于创业。而创新创业的观念一定是先于创新创业的行为的。在高等教育的培养中，教师开始将创新创业的理念融入学生的专业课程中，将各种创新创业的知识传授给大学生。例如，创业光荣；企业家是创新家而不是资本家，创业的利润来自创新的剩余，而不是剥削的剩余；企业家是社会经济发展的中坚力量；创业是个体全面发展和自我实现的道路等，让他们在思想上对创新创业有所认识。然后，在有了创新创业的观念后才开始带领学生进行创新创业的实践活动，也就有了大学生的创新创业的行为。同时，在创新创业教育中为创办企业的行为赋予意义，鼓励适合的优秀学生投身创新创业。

（二）创业是以知识型为目标的创新创业能力教育

创新创业教育的内容主线是以知识型创业为目标的创新创业能力教育。依据创新创业的性质和特征，提出知识型创业的概念和承担主体是知识劳动者，即大学生群体，知识型创业是以创新为基础的创造性思维训练，整个进程也是创新能力的汲取与聚集、凝结的进程。创新能力凝聚很可能是获益于需求条件、企业决策、生产要素等一系列外生性因素。但最核心的内生性变量是产业知识的汲取和其创新创业能力。

（三）创新创业是以自我实现为目标的观念教育

创新创业教育的基本目标是实现全覆盖、分层次和差异化，全体学生以自我实现为目标的教育。要面向全体学生开展创新创业教育，提高学生创新意识、创业精神与实践能力；要对有创业愿望的学生进行个性化培养，提升学生创业实战技能；要充分与专业教育相融合，发挥学生创业实战技能方面的优势，在“专业性”教育与“全校性”教育的并行运行机制下，实现学生的自我价值。

（四）创新创业教育是一种长期的行为

创新创业教育的基本要求和实践模式是面向“全体学生、结合专业教育、融入人才培养全过程的教育模式”。创新创业教育本不需要承担说教的任务——灌输那些与社会力量一致或相左的特定价值观。教育应当秉持的信条，首先是相信每一个人对他的人生都有着独一无二和非他莫属的价值判断，是为着教育对象人生的整体而不只是某些短期目标，创新创业教育是一种长期的行为。

二、时代要求开展创新创业教育

在经济转型期加强创新创业教育，能为社会创造更多的就业岗位，在一定程度上我们理解为，转型期间创新创业是可以解决社会关注的学生就业难的焦点问题、有效缓解就业压力的一条较好出路。它有助于创业者不断创造就业新岗位和开创新企业，进而来缓解劳动力资源与社会岗位供需之间的矛盾，缓和目前就业难的困境，从而使社会更加和谐稳定，健康发展。它的顺利有效的实施，有助于转变就业观念，激励青少年自主创业，培养大批具有创新精神和创业能力的高素质人才，提升人才质量。创新创业教育是在社会经济转型期，为中国高等教育提供有益的、必要的补充和发展。它在推进经济发展、缓解社会矛盾、维护社会稳定、顺利实现社会经济转型具有极为重要的意义。

因此，开展创新创业教育是时代的要求。

（一）有利于知识经济的发展和社会经济的转型

知识经济就是由知识与科技信息取代劳动力、资本、土地、原材料等原始资源的地位而成为具有创新动力的驱动资源。它是以自然资源生产为中心的工业革命时代而后再一次深远的社会变革。其核心的问题就是如何最大限度地发挥人的创新潜能。然而，知识的提升必然会促进经济的发展，知识的提升更是以培养高素质的创新型人才为重要基础的。这种高素质、复合型、创新型人才，是具有强烈的创新意识与精神、实训实践能力、创业能力的一种全面发展的复合型人才。高等学校作为国家创新体系的重要支柱与科技知识传授的中心，它在创造知识、传播知识、转化知识以及应用知识等诸多领域具有无可取代的优势，在推动知识经济发展中起着重大作用。目前人才培养要求，随着知识经济发展也发生了相应转变，高校的教育目标也跟随着发生了改变，应从培养传统的就业型人才调整为培养新型的创业型人才，从培养应用型的人才调整为培养创新型的人才。为此，高等学校只有在知识经济时代培养出具有极强的创新意识和精神、实训实践能力和创业能力的全方位、复合型人才，方可满足知识经济发展对创新创业型人才的急迫需求。

（二）有利于提升全民综合素质与深化教育改革

只有提升全民素质，实现我国教育发展的深化改革，才能够真正与知识经济时代科技的进步和市场经济的发展需求相适宜，才能满足随着知识经济的发展和市场经济体制的逐步完善，社会对人才越来越高的要求。创新创业教育在内容和形式上是传统教育、传统就业教育的创新。《学无止境》的研究报告中指出，“从改革教育，倡导要从新学习中找到解决经济增长局限的困境与消除人类之间差异的方案。当学习不足时，会致使人类现状的恶化与人类间差距的扩大。学习方法令人震惊的落后，会致使个人和社会未做好任何准备，而无法去应对全球问题的挑战”。因此，改革传统教育，推行面向未来的“创新性学习”，是迎接历史挑战，关系到国家生存和发展的关键一环。创新创业教育不仅仅对受教育者就业与创业观念产生了转变，更使人们的教育观念与人才观念发生了重大的转变。它也是中国高等教育的一次新的大的变革。国内的创新创业教育在借鉴发达国家先进经验的基础上，因地制宜创造性地开展各学科创新，逐步深化创新创业教育的教学改革，形成具有中国特色的创新创业教育教学特色。

教育改革，从教育理念到内容体系，从方法手段到环境设备，以教育目标指向为核心问题的一系列重大问题亟待解决，什么是教育目标指向，简单地说是按照什么样的目标培养人的问题。在未来的一段时期里，特别是在国家经济结构调整和转变经济发展方式的特殊时期，如何提高地方国民素质，更好发挥优秀人才在振兴本地区经济建设中的相应作用的问题。在教学内容方面，突破专业与行业间的壁垒，拓宽涉及专业，不断丰富完善知识结构，使受教育者按其需要与喜好，选择性地对知识内容进行学习，构建其个性化的知识结构。在学习中将创新创业意识深深根植于学生们的心中。在教学形式方面，除传统讲授以外，要积极鼓励运用讨论、练习、角色扮演、案例分析等参与式方法，使学生们学会如何去发现新的市场商机、如何寻找合作伙伴、如何去创立新企业。通过形式多样、丰富多彩的创业实践活动，令不同类型的学生们均可在未来的创业中积累有益经验，来提升学生们的社会竞争能力。所以，要将原有教育功能的传统定式进行改变，实现社会、经济、教育三方相互促进、协调发展作为教育的核心功能。不断加强提升学生创新精神、实训、实践能力、创业意识与能力，只有完善教育，为建设创新型国家输出大批的创新创业型人才，这才是教育本身实现可持续发展的基本前提和必然要求。创新创业教育的发展和实施对提高全民综合素质和深化我国高等教育综合改革具有重大的意义。它是知识经济时代的呼唤，是国家创新体系对高等教育的挑战，也是我国高等教育的使命与责任。因为从国情出发必须发展创新创业教育，如何更好更快地促进高等教育的深化改革，是人们关注的焦点，它已成为当今教育界普遍关注的一项重要课题。高校开展创新创业教育要从两个方面来诠释，一方面，创新创业教育活动有助于孕育、造就一大批高素质，且具有创新精神与创业观念的社会接班人，提高人才整体质量；另一方面，高校开展创新创业教育是对我国转型期高等教育内容体系的弥补和进一步完善。

（三）有利于推进与支撑区域经济的发展

创新创业教育的推广与实施，创新型人才的挖掘与造就，是西方社会经济高速运转发展的重要内因动力。它也为区域经济发展发挥着不可预计的推动作用和实力支撑。国家每个区域的经济都以其区域特色产业和优势产业来环绕着发展，创业者们在其区域经济发展中创造了前所未有的巨大财富。创业者自身的质量、水平高低与创业者数量多少，都决定着社会经济发展的速度与发展质量，决定着区域经济发展的长远性、协调性，决定着新创办企业数量增长的速度。而新创办的企业总数与质量也被视作国家经济发展至成长期的一个重要权衡指标。

（四）有利于大学生个人成长与职业的发展

国家要求教育培养全面发展的人，要造就数以亿计的高素质劳动者。原国家教委副主任柳斌同志曾在《创业教育丛书》序中指出："在人的全面素质中，不仅包含了思想品德素质、基础文化素质、技术和职业素质，还包含了创业素质；一个具有全面素质的人，应具有开拓意识和创业精神，是社会主义现代化建设的开拓者和创业者；创业者不仅要能创个人与家庭的小业，而且要为祖国繁荣和富强创大业，以促进社会经济发展，这就需要我们的新一代具有层次更高、综合性更强的创业素质。”而在受教育者的综合素养中，创新创业素质是较为核心的内容。在教育活动拓展中，它是具有指引性和驱动力的高层次核心素质。大学生的个人成长和职业发展是一个长期而复杂的过程，在这一过程中，有诸多因素和条件在起作用，就自身因素和条件而言，创新创业知识、意识、品质、能力起着重要的支撑和导向作用。接受过创新创业教育的青年学生，通过创新创业素质的提高促使其内在的创造潜能和全方面能力得到充分释放和发挥，进而促进其全面发展，将来才有条件堪当大任，适应经济社会发展和参与国际市场竞争需要，使创业成长、成功、成才作为满足自我全面发展、实现职业发展与自身社会价值的过程。

培养学生创新精神和创业能力是实施素质教育的重要组成部分。从某种角度上说，一个人创业能力的强弱直接反映了他的创新潜能与动手实践技能水平的高低，创新是创业的灵魂，创业是创新的实现形式与载体，创新教育根基扎实与否，直接决定了创业的成败，“创新与创业”归属于“创新实践”，并在此框架范畴内研究创新创业活动，特别是高科技的创新创业活动。而最终开展创新教育的成效通过其培养的人才在未来的创业实践中的检验成果来体现。创新教育和创业教育一个是注重对人的素质发展总体的把握，一个是注重如何培养具有开创性的人和如何实现人生的自我价值。二者的内容本质上是相通不可割裂的教育理念，其不仅是促进又是制约，是密不可分的辩证统一关系。创新创业教育是培养受教育者创业精神与创业技能的训练和实践，还包括创新精神和创新能力的培养等，作为一种新的教育思潮，创新与创业教育应该是一个统一的系统。学生们应该是高校创新创业教育主要任务与内容的承担者与承载者，而在高校教育理论与实践研究中，日益关注和重视学生们创新意识和创业精神的培养与提升。就整体现状而言，高等学校学生们创新创业教育仍然是严重不足的。

（五）有利于营造创新创业的社会环境与文化氛围

一个企业的创办与顺利运转，与拥有完善的社会大氛围和环境是密不可分的。而营造这种大氛围、环境都与政府等职能部门重视与管理息息相关。首先，政府要提供政策支持和资金支持，通过国外的创新创业教育实践，我们不难看出，在创新创业教育方面走在世界前列的国家，都已投入了巨额费用来支持创新创业教育，在全民综合教育体系中融入了创新创业教育，以视为国民教育的重要内容，都提供其丰厚的政策来支持与保障创新创业教育，政府以此来鼓励和吸引更多企业来参与其教育活动；其次，要弘扬创新文化、规范市场行为、培育创业文化，政府的首要任务是规范市场行为，为弘扬创新文化营造一个完善的良好氛围、经济环境与创业文化，才能真正实现开放自主、激励创新、勇于创业、公平竞争、规则完善、有序运转的市场体系，才能确保所有的市场主体在其经济环境中，依据市场经济运作规律去实施。

第四章　高职院校创新创业教学课程体系建设与发展研究

如何实施创新创业教育是高校面临的一个重要课题，创新创业教育的成功实施关键取决于创新创业教育的课程体系构建。创新创业教育多层次人才培养目标的确立，决定了创业教育课程体系构建的多层次。创新创业教育课程体系的构建，要体现专业教育和创业教育的融合，要注意专业理论知识和教学实践相结合，只有这样，才能实现创新创业教育的目标，才能转变我国高校的人才培养模式，提高人才培养质量，才能适应经济发展的需要。高职院校的课程设置要基于不同专业学生的学科背景考虑，以实现创新创业教育多层次课程体系的构建。

第一节　课程建设

我国对创业学的研究起步时间不长，有一些领域甚至还没有起步。创业学涉及社会学、管理学、心理学等多种课程。要发展创业学，对高职院校的课程设置提出了更高的要求。首先，学科建设中创业课程不能是零碎的，甚至是空白的。创业学作为一门学科应有严谨性和系统性。创业学的教育不能够将社会学、管理学等课程进行简单地移植，它应该是一个系统的涉及众多类别的学科体系。对高职院校来说，课程设置是创业教育的核心。国外许多学者对大学课程设置的目标、课程学习方式、跨学科特点等诸多方面，都展开了如何在专业教育的基础上进行创业教育的研究。

Ronstadt（1987）认为，将专业教育与创业教育进行有效融合的课程设置，将能够帮助学生了解企业家的行为。同时，企业家精神也可以推动学生的创业成长，并实际参与到企业家创业活动中。McMullan & Long（1987）认为，激励创新创业课程体系涵盖了基础课、专业课和创业课，要实现学科之间知识的相互渗透，包括创业意识、能力、执行力等多层次的内容渗透，同时可以将创业内涵完全反映在课程设计之中。创业教育并不是孤立存在的，必须通过高职的课程载体才能得以落实。课程是指学习者在既定目标计划的指导下进行学习的路径。创业教育课程应涵盖一切能够使受教育者成为创业型人才的学科课程和实践活动。高等职业教育的特点决定了课程设置要密切联系地方经济、培养目标与岗位设置，教学内容要注重实用性，以培养学生的实践能力和自主创业能力，使大学生成为开拓创业型人才。高职院校的课程设置常常推动着整个高职院校的发展和进程。

因此要将创业教育与课程建设相结合，创业教育所需要的专业知识需要通过课程教学来获得，创业意识与创业观念需要通过课堂教学来引导，所以创业教育的综合性很强，创业教育的实施必然离不开课程教学。创业课程一旦被纳入高职教育的人才培养方案中，就会不断被渗透到各个学科的教学中。例如，商贸学院的学生，可要求构建由普及性创业课程、商业贸易技能创业课程与专业创业课程等多层次的创业教育课程体系。其中，普及性创业课程包括创业学、机会识别与风险管理、管理学、会计学、市场营销等创业基础理论课程，该类课程适应所有专业学生，可设置为学院公选课程，其师资可由创业教育中心的专职创业教育老师，或外聘师资，也可由各院系师资参与；税务会计、生产管理、财务管理等与创业有关的商贸专业技能课程，属于商贸学院专业课程，通过跨系部学分互认方式可作为跨系部选修课程，其师资主要来自商贸学院，但也可由外部实务界专家参与部分课程内容讲授；专业性创业课程是指根据不同专业特征，在各专业院系设置的紧密联系本专业的创业课程，如在机械专业设置“技术创新与知识产权保护”“机械行业特征与创业”等课程，其师资主要来自专业学院，也可由外部实务界专家参与部分课程内容讲授。在课程内容设计方面，税务会计、生产管理、财务管理等商业技能课程，设置中小企业税收、生产管理和投融资决策等与创业有关内容，以适应不同层次和专业背景学生跨系部选修时的学习要求。

一、我国创新创业课程设置的实践过程

在我国创业教育的发展过程中，创业课程的设置也在不断地发展变化。创业课程的实践经历了几个不同的时期。

（一）早期的课程改革方式

早期的高职创业教育改革首先在专业教育的课程设置上有所表现。高职院校对高职的专业课程建设模式进行了一定的改革，在各个原有的专业教学的课程体系中增设了少部分创业教育的内容，或者增设了零散的选修课、讲座、就业指导活动等。学院在现有的专业人才培养方案基础上，新增加了专业创新创业类课程，同时以专业选修课、专业必修课等形式纳入专业教学计划中。这在高职专业教育改革的初期，对于增加学生的创业教育意识是起了一定作用的。

（二）“2+1”培养模式的推行

随着专业教育和创业教育改革的深化，高职院校陆续推出了“2+1”的培养模式。“2+1”的培养模式是在产、学、研教育探索的过程中产生的，是为了寻找课堂学习与课外实践相结合、顶岗实习与模拟实践相结合而创造出来的一种人才培养方法。所谓“2+1”，就是高职学生在学院学习专业课的时间为两年，等到第三年让学生自己去联系企业，到企业进行实习、实训锻炼。这样可以减少专业课的学习时间，从而增加学生实习、实训的时间，达到提高创业教育的目的。

（三）工作室平台的构建

创业教育发展到第三阶段为工作室平台构建的人才培养模式。这种模式主要是基于瑞士心理学家让·皮亚杰创建的“建构主义”理论。通俗来讲，建构主义强调以学生为中心的教学方法，认为学习是一个循序渐进的过程，注重经验的积累，重视情景体验式和互动协作的教学模式。企业的真实项目往往具有很强的时效性，设计标准要求高，产品制作要求一次成型，讲究成本核算。及时地按企业要求完成真实项目，对于专业技能较低的大多数高职院校的学生来说存在很大的困难。只有通过学校的工作室平台，模拟或仿真地反复对学生进行技能训练，在学生取得较强的专业综合技能之后，再进入企业工作，进行真实项目的操作，才能高效率、高标准、高质量完成企业真实项目，取得预期的经济效益。

（四）岗位创业教育培养方式

目前高职的创业教育培养又出现了岗位创业模式。岗位创业是指在岗位工作的同时，利用自身专业技能知识以及所掌握的资源进行创新创业的活动。岗位创业培养方式是将创业教育的理念与内容融入人才培养的全过程，以提升全校师生的创业精神、创新意识和创业能力，达到培养社会发展需要的既懂专业知识又懂创业管理的高素质复合型应用人才。温州大学率先开展了岗位创业培养方式，成功地构建了岗位创业教育培养方式。这种培养方式，根据不同专业特点以及人才培养目标的定位，在专业教育的平台上不同程度地融入岗位创业意识、岗位创业知识、岗位创业能力的创业教育知识体系。实现了就业层次的提升、创业教育与专业教育的融合，以及以岗位创业者为培养方式的转变，为学生今后的自主创业和岗位创业打下了基础，使学生的岗位胜任力与岗位竞争力得到了提升。

二、高职不同发展阶段创新创业课程设置教训

创新创业教育发展经历了以上四种模式，这四种模式的发展过程有着不同的经验教训。

（一）第一种培养方式

在创业教育初期，高职院校大都采取了积极的态度和方式开展创业教育，营造了浓厚的创业教育的气氛。学校开始在原有的课程体系中增设创业教育的内容。由于受到传统教育理念的影响，创业教育基本上是以课堂理论教学为主的。创业教育过于突出理论知识的学习，过分推崇教师的“教”，而忽视了学生的“学”。创业教育课程设置没有形成“培养创业意识、了解创业知识、体验创业过程”的课程体系，没有形成与立体化的创业知识、能力和素质结构相对应的模式，更无法实现将创业教育渗透于学生从入校到毕业的整个过程之中，学生很难从这些零散的讲座与单纯的创业课程中获得他们创业所需的知识与技能。

创业能力的培养必须在实践中得以提高，对学生创业能力的培养必须与实践紧密相连。仅仅将创业教育局限于学校知识层面的教育，学生的创业能力培养是达不到预期效果的，也不能有效地实现高职的教学目标。创业能力是一种社会实践能力，不仅需要理论教育，更需要实践教育，创业教育的培养与创业实践活动有着紧密的内在联系。

（二）第二种培养方式

在一系列的教学实践中我们发现，实行“2＋1”的教学方式存在着一定的弊端。学生在两年中完成专业课的学习，时间非常紧张。同时减少专业课的学习时间会让学生的专业知识学习无法完成，或者专业知识学得不牢，影响了学生以后的创业实践教育。最后一年的实训课，学生自己去企业实习，没有一个企业可以一下要那么多的学生。企业甚至担心一下子来太多的学生会影响他们正常的生产运营，态度不是很积极。企业接受的部分学生，也只让他们去做一些包装等杂活，或着跟在师傅后面见习一下，许多重要的仪器和设备不让学生动手，一些关键的技术要领学生也无法掌握，学生并没有真正地实现顶岗作业。因此，学生不能很好地利用企业的工作环境提高技艺技能，实践动手能力的提高效果也不明显。同时学生分散在不同的企业中，老师无法管理和指导这些分散的实习学生。学生有的根本没有去实习，反而是荒废了一年学习的时间，学校的教学资源和师资在这一年都被浪费了。

如何调整一年实习的无序状态，高职院校的教育者在不断地探索。后来在课程安排中高职院校又进行了一系列调整：第一种是尽量减少公共课的课时数，保证专业课的课时数；第二种是调整专业课每周的课时数，比如专业课每周 4 个课时，调整为每周 6 个课时，以保证专业课的课时数；第三种是把实训课加在理论课中，放到最后一年相对集中去完成，以保证专业课和创业课的统筹。

（三）第三种培养方式

在以上两种创业教育之后，高职的创业教育仍在不断地探索着。要让学生在学校就能够有一个实训场地，学生在实训场地就可以得到创业教育的实践，同时又解决因学生分散实习老师无法管理的难题。于是提出了“工作室平台创业理念”等。学校的场地毕竟是有限的，要在学校内开办各类工厂，有着一定的局限性。但开展“工作室平台创业”却具有可实施性。

基于工作室平台的专业教学可分为3个阶段：第一个阶段主要完成基础知识学习和基本技能训练，第二个阶段主要完成专业综合技能训练，第三个阶段主要是着力提高创意创业能力。学生在3个阶段的能力训练都可以通过工作室这一平台实现。但介于目前我国职业教育中师资、场地和设备等资源有限与大规模教育相矛盾的现实，第一、第二阶段的技能训练最好集中在模拟企业的生产流程和环境而建成的大规模的实训中心完成，前两阶段少部分技能训练和第三阶段的创意创业能力培养在工作室平台中完成，这样可以实现以最低的成本取得最大效益的目的。这种培养方式目前正在许多的高职院校中实施。

（四）第四种培养方式

“岗位创业教育”培养方式是采取体验的实践教学方法，将“岗位创业认知、岗位创业训练、岗位创业实习”3个阶段构成的创业实践教学形式贯穿人才培养的始终。

“岗位创业教育”方式中，学生可以参与企业生产经营活动流程的全过程，包括管理、产品开发、生产、销售等多个运行环节。学生以各种不同的身份轮换进行实践，比如，学生以总经理、销售主管、财务主管、人事主管等身份进行实习。在实习过程中接受学校专业导师和企业创业导师的双重指导。通过创业教育的融入，引导学生确立岗位意向，选择适合的岗位，以加强岗位需要的专业知识的学习，主动掌握岗位所需的专业知识和实践知识。在学习过程中教师有目的地设置创业教育的情境，通过培养学生创造性、灵活性的思维在多种领域中的运行，激发学生用创造性的思维去感知、领悟创业的知识和过程。“岗位创业教育”培养方式突破了传统创业教育的框架，将创业教育与专业教育培养紧密结合起来，根据不同专业特点以及人才培养目标的定位，在专业教育的平台上不同程度地融入岗位创业意识、岗位创业知识、岗位创业能力的创业教育知识体系，实现了就业层次的提升、创业教育与专业教育的融合以及岗位创业者培养方式的转变，为学生今后的自主创业和岗位创业打下基础，使学生的岗位胜任力与岗位竞争力得到提升。

在创业教育理论研究与实践探索过程中，温州大学开展了“点—线—面”逐层递进、“创业教育＋专业教育”的创业教育实践，从创业教育通识课程体系、创业人才培养模式构建、创业教育与专业教育融合、岗位创业实践基地建设、岗位创业运行机制、创业教育专业化师资建设等方面进行改革探索，注重顶层设计与整体推进的结合，成功地构建了以岗位创业为导向的人才培养新体系。

三、创新创业课程设置在高职的持续发展

要保证创业教育融入专业教育的持续推进，各高职院校要根据自身的发展阶段和实践情况制定课程设计。选择与高职院校自身发展能力相匹配的创业教育模式，使大学生在校期间通过核心课程或选修课程来持续地培养自己对创业的兴趣。学校要安排老师讲授与创业有关的知识和技巧，使创业成为学生专业学习中的一个重要主题，推动大学生主动规划自己的职业生涯与发展。通过学校的主动安排实现创业教育在人才培养过程中的结构性融合，使创业教育在人才培养过程中能够保持连贯性和持续性。学校要从管理层面开始将创业教育的各个要素逐步纳入各部门、各学科、各专业的管理与教学体系中。这涉及整个高职院校教学计划的调整，还涉及教学内容的更新、教材的建设、教学方法的变革、教学评价指标的构建等诸多因素。因此，高职院校应当从学院的顶层抓起，各部门合力实施，以保证创业教育课程设置的持续推进。

创业教育课程设置的推进不是由一个部门完成的，是整个院校各个部门合力的结果。首先，院校的领导在思想意识中要重视创业教育，要在全院中层会议上宣传并布置任务。中层领导要坚决把创业教育贯彻到高职教育的具体工作中去。教务处首当其冲要合理布置专业教育和创业教育的课程安排，这推动着全校的教学工作的运行方式。学院人事处在制订教师的培养方案时也要紧扣创业教育这个大方针，把培养“双师结构”的教师写进人才培养方案中。同时对于专业带头人的培养、骨干教师的培养以及教师的考核工作都要围绕着这个方针。同样，学校的实验实训中心要给学生提供实训场地，提供项目工作室平台，提供岗位培训平台，让学生在校园里最真实地接近企业的真实情景，完成创业教育的实践操作。学生处要把创业教育的思想灌输到学生的思想教育中，多开展学校内的创业教育工作。总之，学校的各个部门只有合力，才能真正在整个校园内推行创业教育，真正把创业教育落实到学生教育的方方面面，培养具有创业精神和创业能力的新一代大学生。

第二节　多层次课程设计

高职课程体系及其建设是学校教学工作的基础。高职院校创新创业人才培养方案中以培养“高素质技术技能型人才”为办学目标，创业课程的设置实践需经历不同的几个时期，因此各高校的课程设置要依据高校自身所处的不同发展阶段要求，设计不同层次的课

程体系。

从高校的教学工作体系来看，在确立好各专业人才培养方案后，就要开始建立课程体系。课程体系作为专业人才培养方案的支撑，是按照专业人才培养方案对职业岗位的某一能力需求来设计，以实现这一能力需求为目标的工具。实施课程体系的目的，是使学生通过理论知识的学习、实践能力的培养和综合素质的提高，达成职业岗位所需要的能力、素质目标，以适应区域和行业对高素质技术技能人才的需要。

一、树立多层次课程体系建设的理念

课程体系建设不是一劳永逸的工程。在课程体系的使用与实践过程中所反映出来的问题，需要回应和修改。知识更新、人才培养模式改变等因素的变化，也应当在课程体系中体现出来，因此要树立多层次课程体系建设的理念。

（一）多层次课程体系建设的必要性

当今的信息社会，知识爆炸，技术领域不断推陈出新，而社会前进的步伐必然要反映到人才的需求上来。高职教育的课程体系要注重职业与社会需求的变化，一切墨守成规、不思进取的思想意识都必须打破。此外，在整个课程体系建设基本成型后，通过对课程体系的评价与使用实践，获知不足部分，或修补更改，或重启其中某一部分的建设。鉴于上述两点，树立多层次课程体系建设的理念即由此而推出。所谓多层次课程体系建设，就是因职业与社会需求的变化，随时调整、修改、补充课程体系，课程体系各组成部分都处于不同层次建设的过程中，只有这样才能适应高等教育以及经济发展的需要。

（二）多层次课程体系建设的可行性

当今信息社会资讯发达，行业的发展状态、需求，最新的教育观念等都会通过平面媒体、电子媒体等手段迅速地传播，书刊出版业繁荣似锦，网络资料如信息海洋，利用现有的各种资讯手段获取课程体系建设的有关信息及资料，进行多层次课程体系建设是完全可行的，关键是要树立多层次课程体系建设的理念。

（三）多层次课程体系建设的普适性

事物的普适性源于事物的共性和规律，多层次课程体系建设具有广泛的适应性。事物总是在不停地运动的，各学科也总是在不断地发展、前进，即使是基础类课程，十年前与十年后的情况都会有相当程度的改变（例如，信息技术现在已强力渗透到包括基础类的所有课程体系中），某些应用类课程更是发生了天翻地覆的变化。进入 21 世纪信息时代的今天，难以想象高校的任何一个专业仍然在使用 20 世纪 70 年代的课程体系。任何一门课程，只有采取动态式建设课程体系的模式，构建多层次课程体系建设，才能适应社会、经济的变化，才能具有强大的生命力。

（四）多层次课程体系建设的先进性

课程体系建设要紧紧围绕培养高素质技能型人才、满足企业及社会行业用人需求为目标，以解决学生就业和职业发展为出发点，让他们掌握最新、最好的技能及方法。达成这一要求，最终归结为课程体系的先进性问题。只要掌握多层次课程体系建设的理念，把课程体系建设定义为一个连续循环的流程，不断进行符合企业及社会需求的课程体系内容的开发及建设，就可以使课程体系永葆先进性。

二、多层次课程体系设计的定位

在高职课程体系建设中，要依据多层次建设的理念，汲取国内高职院校发展过程中的先进经验，找准自身所处的实际发展阶段，合理定位，密切关注与课程体系设置有关的信息，做到高职院校的课程设置准确定位。

（一）课程体系建设要结合国内外先进教育理念定位

我国高等职业技术教育启动较晚，课程体系建设要结合国外高职教育先进的理念和成功的做法。同时，国内一些先进院校的成功经验也值得学习推广。课程体系建设一旦与国内外先进教育理念接轨，将全新的思想、最新的理念、创新的办法应用于课程体系建设，必将提高教学效率，使毕业生更为适合社会的需要。

（二）课程体系建设要适应经济发展需求

高职课程体系是社会需求和高职教育紧密结合的纽带，是教学工作适应社会需要的关键环节，课程体系尤其是专业课程体系，若与经济发展脱节将无所适从。在课程体系建设上，要坚持“以服务为宗旨、以就业为导向”的办学指导思想，根据行业和当地经济建设需要设置专业，根据人才市场需求变化不断调整和优化课程体系内涵，构建与就业岗位相适应的课程体系及专业教学体系，全面提高学生就业竞争力，形成独具特色的专业人才培养模式。

（三）课程体系建设要适应能力素质的培养

由于经济发展，社会进步，职业技能、学生素质也随之成为一个变化的指标，与之相关的课程体系也要适应变化。如某一部分职业技能由于生产技术的进步而需要改变，对毕业生的素质要求因为时代或经济大环境而发生变化等，课程体系就应随之跟进调整。以变应变，才能使课程体系的建设与国家及区域经济、社会发展紧密联系起来，与技能培养和综合素质提高紧密结合起来，培养出符合各行业及社会需求的人才。

三、多层次课程体系设置的原则

高职教育是培养生产、建设、管理、服务第一线需要的高素质技术技能型人才的一种教育。高职教育的本质属性决定了高职教育是高等教育，是职业技术教育的更高层次，其培养目标与本科有着很大的差异，与技校也有着本质的不同，课程体系的设置必须考虑专业设置和毕业生的就业。

（一）以就业岗位分析为导向的课程设置

实现国家规划的大力发展、培养高职毕业生的目标，落实科教兴国战略和人才强国战略，全面提高国民素质和技能，就要把我国巨大的人口压力转化为人力资源优势。国家建设不仅需要大批科学家、工程师和经营管理人才，更迫切需要数以千万计的高技能人才和数以亿计的高素质劳动者。而数以千万计的高技能人才和数以亿计的高素质劳动者的就业需要岗位做支撑。设置合理的、符合社会需要的专业，并不是坐在办公室中就能完成的，这需要花大力气、下大功夫对就业岗位进行调查研究，分析论证；需要组织专门的机构及人员来完成就业岗位需求的工作内涵；需要面向社会进行岗位职业群调研，进而掌握整个社会对人才、岗位的需求状况。只有在完成上述工作的基础上，才可能有的放矢地做好新专业的开发及老专业的改造。对拟开设的课程体系进行精挑细选，跳出传统教育课程设置时只注重学科体系和理论完整的旧框架，来设置理论上够用，注重实践教学环节的具有职教特色的课程体系，从而使课程具有较强的实用性和针对性，适应现代制造业和服务业发展对技能人才的市场需求，培养出大批经济社会发展需要的技能型人才，达到提高毕业生综合素质及综合能力的目的。

（二）以就业服务为宗旨的专业设置

从本质上讲，职业教育就是就业教育，我国职业教育的先驱黄炎培先生曾把职业教育的目的概括为：“使无业者有业，使有业者乐业。”要实现这一目的，专业的设置是至关重要的，是高职教育的根本出发点，也是课程体系设计的基础。作为有别于本科教育的一种教育类型，在专业设置上，经过市场需求的专业岗位群调研分析，高职教育应该按行业技术领域和职业岗位群来设置专业，依托于当地经济，依托于行业，特别是依托于市场，这样可以与社会需求紧密结合，增强专业的针对性，培养出社会经济发展所需要的专业人才。一个学校，其专业设置往往体现了学校的培养目标和培养方向，体现了毕业生的知识结构及综合能力，同时也是用人单位在进人时首先考虑的因素。近年来，各高职院校均可明显地看到：一方面，学生入学的总体报到率在下降，但有的专业报到率仍可达90%以上，而有的专业报到率却达不到30%；另一方面，有的专业毕业生大部分能找到工作，顺利就业，而有的专业毕业生则相反，就业十分困难。因此，从这一角度看，专业设置是否合理、正确，专业设置能否满足社会需要就成为一个至关重要的问题。

总之，要根据产业结构调整实际情况，及时调整专业结构，灵活设置高职专业，使高职专业的设置成为服务于就业市场对人才需求的需要。

第三节　高职院校创新创业课程体系设计

创新创业教育的实质是激发学生的创业意识与创业精神，培养其对社会经济市场有利机会的识别、评估与捕捉能力，运用相关知识与技能创建并管理新企业，进而创造社会价值。可见，构建高职创业教育课程体系，是实现创新创业型复合型高素质人才培养的关键手段。按照高职院校的多层次课程设置的需求，高职院校的课程设置也具有多层次的要求。

一、高职创新创业教育课程体系设计要求

高职创业教育作为一个课程体系，必须全方位考虑各种教育因素。有课程教育因素，也有非课程辅导因素；有学校主教因素，更有社会辅教因素。课程项目常由创业综合课程、创业仿真实训课程、创业实践课程和创业实战课程组成；非课程项目常由创业研究、创业论坛、创业竞赛和创业者联盟组成。当学校与社会共同参与教育时，当课程项目与非课程项目结合教育时，就构成了创业课程、创业研究、创业论坛、创业竞赛和创业者联盟五大模块的高职创业教育课程体系。在课程体系中，每个模块四周有众多要素支撑，学校和社会共同参与教育，理论与实践紧密结合，课程项目与非课程项目互为补充。基于这些因素相互支撑、制约和影响建立的高职创业教育课程体系就具有系统性、完整性、科学性和合理性。

（一）课程项目设计

创业课程设置一般由学院教务处完成。创业教育是跨越学科最多、综合性和实践性最强的学科。课程讲授以行动为导向，经验引导式体验多于概念规则。主要由4部分课程组成。

1. 综合创业课程

综合创业课程由基础创业课程（创业概念、创业意识、创业心理等）、创业必修课程（创业知识、创业技能、创业要领等）和创业选修课程（企业管理、融资等）组成。以此激发学生的创业热情与信心，促使学生掌握创业知识与技能，提高创业素质与能力。

2. 创业仿真实训课程

通过企业模拟竞争等仿真实训培养学生的创业素质。借助网上模拟公司或沙盘教具，引领学生分设若干个模拟公司，模拟企业经营管理与市场竞争进行实战演练。将所学理论与管理实践融会贯通，丰富扩大学生创业知识和背景，积累创业经验，指导学生自己创业与后期经营管理。

3. 创业实践课程

引导学生走进社会实践、实训基地或企业，参与大学生创新基金支持项目、老师的科研项目、社会创业活动或“挑战杯”创业计划竞赛等创业实践活动。通过实践课程主动应用所学知识，进行团队分工合作，真操实做地训练、答辩、调查企业和市场，独立完成一项经营业务或成立一个小型企业的创业计划书设计，真实感受企业的管理运营。从而培养学生的个性心理品质，提高综合能力。

4. 创业实战课程

主要是指导学生的创业项目走向市场。创业教育的目标就是培养学生创办一家企业公司或吸收巨额风险投资。创业项目力求规模小、投入少、见效快、风险小，从小累积，逐渐做大。既没有巨额风险投资，又不需要大量成本投入。

（二）非课程项目设计

1. 创业研究设置

要切实提高创业教育水平，必须大力加强创业研究。目前清华、南开等大学已翻译了不少创业教材、专著，介绍西方研究成果，取得了自己的创业与创新研究成果，有力推动了创业教育研究工作。我国高职创业教育刚刚起步，应在创业学术会议、期刊建设等方面加大研究力度，缩短与高等院校和国际水平的差距。

2. 创业论坛设置

因创业活动具有很强的实践性和应用性，应依靠利用各种社会资源力量、网络和校友，凝聚一批具有丰富创业、经营、管理经验的创业家、企业家、风险投资家、政府官员及社会知名人士，形成稳定的校园“创业论坛”机制。常邀请他们到学校给学生开设讲座、进行对话，传授创业经验技能，促进创业教育深化。

3. 创业计划竞赛设置

由学校和社会共同组织的，涵盖创业理论知识和实践内容，深受大学生喜爱的创业计划竞赛，是一种有效创业模拟练习方式。对培养创业意识，提高创业素质，积累创业知识具有十分重要的作用。共青团中央、中国科协、全国学联与清华大学共同承办的第一届“挑战杯”中国大学生创业计划竞赛，收到了较好效果。高职院校在创新创业活动中也不妨参照效仿。

4. 创业者联盟设置

创业者联盟类似于创业者俱乐部，是准备创业的学生和已经创业的学生之间相互交流、沟通、学习的平台。创业者在这个联盟组织里学习、积累和检验创业知识，可获得培训、投资、项目、技术、孵化等方面的支持，获得像企业集群成长机理一样的群体效应，有助于学生创办企业或管理好新创企业。

二、高职创新创业教育课程教学设置

高职创新创业教育课程教学设置跟基础课程设置有许多相近的地方，但也有其独特之处，这里我们仅从高职院校创新创业教育课程目标设置、创新创业教育课程内容设置以及创新创业教育教学方法设置来论述课程教学设置。

（一）创新创业教育课程目标设置

创新创业教育的课程目标主要是培养学生创业思想意识、创业心理品质、创业知识结构、创业素质能力和实现自主创业。

1. 树立创业思想意识

培养学生创业的自我意识和社会意识，形成社会责任感，树立艰苦奋斗、勇于开拓、不断创新的宏伟志向。

2. 培养创业心理品质

培养学生的独立性、敢为性、坚韧性、适应性、外向性、合作性等创业心理品质，把坚定的意志力和积极的心态作为培养创业心理品质的起点和重点。

3. 形成创业知识结构

帮助学生树立主动性学习和终生学习观念，锻炼善于扩大知识视野和灵活运用各类知识解决实际问题的本领，将所学专业知识、经营管理知识和综合知识，整合形成合理有序的知识结构。

4. 提高创业素质能力

创业能力是影响活动方式、效率和结果的直接操作因素，通过创业课程教育培养学生的专业技能、管理能力和危机驾驭能力，为学生实现自主创业积累经验。

5. 实现自主创业愿望

对少数学生进行创业技能实践演练，尽力提供智力咨询支持或资金物质帮助，使学生或学生团队能自我创办企业，实现就业岗位创造和自我价值实现。对具有核心技术和良好市场前景的创业项目，应支持后向发展，风险共担、利益共享。把项目"扶上马"，参加全国、全省创业大赛之后，在走向市场的创业道路上再"送一程"。

（二）创新创业教育课程内容设置

高职创新创业教育的课程内容主要包含创业思想、创业政策、创业信息、创业技能、创业心理、创业素质6个方面，概括为：培育创业意识（创业的需要、动机、兴趣、理想、信念和世界观等）、拓展创业能力（某种行动和解决问题的能力）和塑造创业品质（对自己心理和行为起调节作用的情感与意志等个性意识特征）3个主题。

因理论性和实践性都很强，应这样设计：

1. 理论课程设置

创业理论教学课程是培养学生理性认识创业，传授创业知识技能，培养创业所需综合素质的课程。创业意识支配着创业者的态度和行为，是创业素质的重要组成部分。良好的创业意识是掌握创业知识、具备创业能力的重要前提和基础。创业能力是使知识、经验与技能经过类化、概括后形成的，是创业实践活动得以顺利进行的主体条件，直接影响着大学生创业实践活动的效率。创业品质是大学生创业意识和创业能力长期内化的结晶，对大学生创业意识和创业能力具有长效的调控作用。可按学校人才培养目标和模式软化学科专业界限设置，采用国际劳工组织开发的《大学生KAB创业基础》《SIYB项目》和国家规划教材《大学生就业与创业指导》共同构建成一个完整的创业教育课程体系。根据递进原则依次开设创业教育初级课程、提高课程、核心课程和案例分析课程。用创业案例课程教学培养学生创业兴趣，调动学生学习主动性与积极性，掌握创业所需各项知识；理论课程教学生将创业教育上升到为社会创造财富，对国家做贡献的高度，培养学生的创业精神、创业意识和创业人格；争取成功创业，成为新时代青年的榜样。

2. 实践课程设置

学生们都希望把创业教育的"纯理论式教学"和"实践体验式教学"紧密结合，获得与自己创业方向相关的个性化实用知识。将创业激情、创业理想变为理性创业规划，参加校内外创业设计大赛、创业工作坊或创业孵化班等亲身实践、真实体验活动；希望派有经验的创业者或个人企业家亲自为他们授课，积累创业知识与实践经验尝试，以期付出最少的成本，得到最大的收益。所以，要强化创业教育实践方面的教学内容和施教力度。

创业实践教学课程一般由模拟课程和创业实践组成。模拟课程可将全班分为若干小组，每个小组在一定约束条件下，制订一份真实的商业计划书，师生一道分析评判。或通过组织参加创业计划竞赛等方式，让学生通过这种操作性和针对性较强的创业项目来梳理复习创业理论知识，感受创业复杂性与知识重要性。可在校内第二课堂上，组建“大学生创业工作室或孵化园”；还可在企业实践基地、校企合作平台上进行创业体验；安排有经验的老师或企业家当导师，进行营销建议、商业计划、资金申请、风险基金、知识产权、公共关系等一揽子指导。让学生身临其境地感触和体验创业过程中的复杂变化，多渠道、多方面扩大实践主体的知识范围和背景，丰富、巩固、锻炼、提高学生的创业知识、个性、能力与经验。

（三）创新创业教育教学方法设置

1. 课程教学的基本思路

整个创新创业教育课程知识如同一座三角形宝塔，宝塔的底层为基础层，由系统化综合课程组成；宝塔的中层为综合层，由创业仿真实训和创业实践课程组成：宝塔的顶层为提高层，由创业实战和自主创业组成。首先，应给低年级的大一学生开设系统化综合课程、创业实训课程，进行创业知识积累和创业意识、创业素质培养，扎实学好基础层课程，打好创业基础；其次，应给中年级的大二学生开设创业仿真实训和创业实践课程，进行创业素质、创业品质和创业能力培养，反反复复演练实践，学好综合层课程，积累创业经验；最后，应给高年级的大三学生开设创业实践课程和创业项目演练，扶持大学生实现自主创业，稳扎稳打学好提高层课程，一鼓作气创业成功。由此形成一个完整科学的课程教学体系。

2. 课程教学的阶段分设

首先是创业定位与设计的萌芽阶段教学。大一阶段需营造良好的创业教育氛围，组织学生听创业者讲创业历程，对激励大学生创业有很强的感召力和示范作用；让学生到青年人创业的企业实地了解情况，参观创业过程，激发创业热情和冲动；然后鼓励学生参加创业计划大赛、创业学术讲座、创业企业家论坛等形式的创业教育，使学生对创业基本知识和要求有所认识，让他们的创业理想、激情和思想火花变成周密的创业行动方案。通过这一系列创业教育后，对创业有所了解，带动思考，增强创业活动的理性认识和信心，然后去寻找一些可能创业的机遇，为今后创业做好知识和能力准备。

其次是创业准备与开发的孵化阶段教学。大二阶段开设创业理论课程，学习经营管理知识、创业知识和心理素质培养等有关知识点，组织学生参加创业实践活动。让学生亲身拟订创业计划，体验创办虚拟公司［如 ERP 企业沙盘模拟大赛、跳蚤（二手）市场、模拟营销策划大赛、模拟创业设计大赛等〕模拟创业过程。通过项目准入、全真管理、企业孵化、定期考核四级联动实践训练，定期对项目进行全方位评估，确定企业成长方向，优胜劣汰。有了前期熟悉创业程序，储备创业知识，接触了解社会等模拟环节后，养成了创业能力。一旦进入创业实践基地，就可将经过严格评估的优秀项目进行股权形式投资建立股份制公司。

最后是创业选择与适应的成长阶段教学。大三阶段开始提供适合创业的场所和资金，促成经过创业教育前两个阶段培训的同学开创自己的企业。准许创业者之间运用创业者联盟这个平台，获得培训、风险投资、项目、技术、孵化等方面的支持，帮助创业前期学生跟踪指导，帮助解决实际困难；帮助创业后期学生对新创企业实施成长管理。同时，加强挫折教育，培养健全的创业心理品质。并启动毕业论文设计，与创业科研开发接轨。

3. 课程教学的施教方法

培养学生创业能力最根本的是提高统摄、想象、概括、综合以及辩证分析等能力，以便更好地进行联想、类比或推演，能够整体把握创业过程的各个阶段，在更高层次和水平上深化自身创业能力。

常用教学模式为：

(1) 课堂授课模式

这是前期创业教育的重点。对教学内容按概念、原理、技能等几方面进行系统分类，厘清教学内容中知识的线索、分布情况，并将教学内容作为教学大纲的一个组成部分，列出主要知识点、教学要求、重点、难点等，以便执行者具体操作。教学大纲中应指出各教学单元的重点、难点，以方便教师深入分析和领会教学内容的中心思想和整体结构，找到突破重点、化解难点的方法，顺利进行重、难点的教学。要真正实现应用能力的培养目标，还必须对实践性教学环节进行精心设计和认真组织实施。

(2) 案例分析模式

创业案例教学对高职老师要求较高，要想达到理想的教学效果，要求老师上课前投入大量时间与精力，准备好成功的与失败的案例素材，引导学生深入进行理性剖析，将经验和教训上升到理性层面。案例选择可来源于教材、教师搜集、学生编写的创业计划书或创业大赛设计。教学方法：师生互动式教学，一起分析案例，互相交流促进，形成互通、互助、互联、互促的学习交流氛围，在潜移默化中强化教学效果。还可邀请企业专家或创业成功的毕业生来当导师参与到教学中，与学生共同讨论提高，使案例教学更加生动、真切。

(3) 创业演练模式

创业演练是有志创业的学生模仿、尝试创业的学习、体验与参与过程，主要通过第二课堂（校内创业计划竞赛、产学研结合、合作平台等）实施，把创业人才培养与科技开发，到合作企业就业等结合起来，有效推动大学生创业活动。

（4）拓展培训模式

要建立定期不定期办班培训、组织创业设计大赛和户外游戏式拓展训练等形式的系统化完整化培训体系。模拟真实管理情境，辅助课堂教学，寓教于乐，进行心理和管理方面的培训；普及创业知识，倡导创业文化，增加实习环节，强化素质训练。

（5）导师指导模式

充分利用已建立的专业实习基地，或邀请企业家讲座、评审创业计划，用企业家经验指导学生专业实践的同时，进行创业实践。推行团队导师制度，根据学生爱好特长组织创业团队，聘请有经验的导师把关。

校内创业主要是在导师指导下，学生根据自己的具体情况，利用课余时间从事一些小的创业活动，如组成优势互补的模拟公司，针对新创企业的产品或服务，详细说明运营一个企业的公司介绍、市场分析、竞争策略、公司管理、组织结构、财务分析与风险评估等；也可同产学研创新实践基地和创业孵化基地建设结合，聘请成功人士做兼职导师，指导学生进行创业实践，获得较为真实的创业体验。

校外创业是让学生直接参与企业创业实践、生产创造、自负盈亏等实实在在的创业活动，真切感受创业的艰辛，积累一定的创业经验，为今后自己创业打好基础。

三、创新创业教育质量评价指标设计

创新创业评价指标的选择是综合评价高校创业教育质量的前提，是衡量创新创业教育的质量效果的基础。具体可从以下指标考核学生经过高职教育培养后已达到的创新创业素质，以及老师施教后的学生实际创新创业情况。

大学生创新创业教育质量评价指标包括：

一级指标 4 项：课程、师资、学生、环境。

二级指标 15 项：道德素养、文化知识、创业素质、创业能力、核心课程体系、相关教材、教学方法、管理模式、教师背景、教师科研、创业背景、学生实践、教学内容、施教方法、教育效果。

三级指标 35 项：核心课程数量、核心课程覆盖率、课程类型、自编教材数量、教材内容、教材认可度、案例教学、特色教学方法、课程渗透程度、课程管理机构、课程计划、课程质量监测、“双师型”教师比例、学科交叉背景、求职创业经历、校外教师情况、教师职称情况、教师培训情况、科研成果情况、学术会议情况、工作经验、培训经历、参与率、职业选择、年度创业率、中期创业率、机构开设情况、场地开放率、创业孵化经费、经费覆盖率、实习基地数、社团数、专题研讨会、创业竞赛、校企业合作。

高职院校按照自身发展的情况，可以在以上不同的指标项目中，根据需要选取不同的指标、设立相应的不同分值进行设计。例如，可选学生创新创业素质指标和教师教学效果评价指标来进行考核。

具体如下：

（一）学生创新创业素质评价指标

1. 道德素养良好（0.20）

品德高尚立场坚定（0.08）、讲究诚信诚实做人（0.07）、实现自我奉献社会（0.05）。

2. 文化知识丰厚（0.20）

专业知识扎实厚重（0.08）、通晓经营管理知识（0.07）、了解基本法律常识（0.05）。

3. 创业素质过硬（0.25）

独立生存意识较强（0.08）、意志坚定奋斗不懈（0.06）、目光远大目标明确（0.06）、掌握各种生存技能（0.05）。

4. 创业能力超强（0.35）

创立品牌占领市场（0.08）、科学管理赢在前沿（0.06）、创新拓宽新的领域（0.06）、多方沟通形成合力（0.06）、驾驭信息把握商机（0.05）、迅速应变果断决策（0.04）。

（二）教师教学效果评价指标

1. 教学内容（0.40）

职业精神（0.06）、人格测评（0.05）、生涯规划（0.05）、求职方法（0.055）、创业技能（0.055）、创新素质（0.05）、合作技巧（0.04）、心理意志（0.04）。

2. 施教方法（0.25）

课堂教学（0.08）、讨论自学（0.04）、模拟演练（0.065）、实习实训（0.065）。

3. 教育效果（0.40）

就业率高（0.12）、创业力强（0.11）、企业反映好（0.09）、出品牌业绩快（0.08）。

为保证创新创业教学不偏离课程设置目标，须采取阶段定期评价和日常随机评价相结合、教师自我评价和监督抽查评价相结合、学生评价和老师评价相结合、校内评价和校外评价相结合的过硬考评措施，每教完一课、一阶段或一学期课程，对学生进行一次书面或实际操作测评，将测评结果作为学生创新创业教育能力考核的学分；也可定期对各分院或班级进行测评，纵横比较，找出差距，不断改进完善教学方法，全面提高学生的创新创业素质和创新创业能力。

第五章　高职院校创新创业教育教学实践体系建设

创新创业教育实践体系是以培养学生的创新意识、创业精神、创业知识、创新技能等为基本内容的一个实践体系，它是通过创新创业教育课程、社会实践、行业竞赛和创业平台建设，充分调动高校、研究机构、政府、企业和社会多方力量来培养创业型人才的教育实践体系。创新创业教育实践作为创新创业教育的重要一环，对推动高职院校的创新创业教育的发展有着重要的作用。

第一节　基础构建

一、教育实践体系构建的理论基础

（一）教育实践体系

顾明远编著的《教育大辞典》中对教育实践教学有一个明确的解释：教育实践教学是相对于理论教学的各种教学活动的总称。包括实验、实习、设计、工程测绘、社会调查等。旨在使学生获得感性知识，掌握技能、技巧，养成理论联系实践的作风和独立工作的能力。这种对教育实践的定义，是从其内涵和外延来理解的。

（二）教育实践体系的内涵

教育实践体系是一个有机的整体，大部分学者都认为其有狭义和广义的内涵之分。总的来说，由目标、内容、管理、评估体系等要素构成教育实践体系整体，这是按照其广义层面来描述的。而狭义的教育实践体系，是指教育实践的内容体系。

我们是以广义的教育实践体系内涵为参照，但并不局限于其设定的目标、内容、管理和评估四大要素。我们把实验、实训、实习、毕业论文等环节作为教育实践活动，把体系的管理、评估、条件保障作为教育实践体系的环境资源来加以重新认识。所以我们认为，教育实践体系是以教育实践人才培养目标为核心前提，以教育实践活动为主体内容，并以相应环境资源作为支持条件的一个有机联系的整体。

教育实践是和社会诸多领域有着紧密联系的实践活动，教育实践体系的构建也涉及各种与之相关的要素。在综合考察教育实践内涵的基础上，笔者认为教育实践与学习论的思想密不可分。它们不仅为教育实践体系设计提供理论指导，也为人们认识教育本质、确立教学目标、选择教学内容等教育问题提供重要的理论依据。学者们对学习的探讨从未停止过，无论是行为主义心理学创造的“刺激—反应”学习理论，还是认知主义心理学家对人类认知过程及组成因素的研究，社会因素和个体因素已经成为学者们关注的焦点所在，特别是建构主义学习理论对教育思想产生了重大的影响。

建构主义学习理论认为，知识、技能不是被动积累的，而是学习者积极实践的结果。知识、技能的建构必须从激发学习者学习动机开始，而传统的教育模式往往是先理论后实践，实践能力弱的学生在社会上缺乏核心竞争力。因此，必须确立教育实践教学在创新创业人才培养过程中的主体地位；学习者的学习过程要关注知识、技能的连贯性和教学内容的情境性。使用情境教学方法，使学习内容具有真实性任务，使学习行为在与现实情境相似的情境中产生。教育实践教学正是符合情境教学要求的，使学生通过具体的社会实践、实训、实习等实践环节，在解决具体问题情景中，积极主动地建构自己的理解过程、创造过程。

（三）教育实践体系构建的理论原则

教育实践体系的高效运行必须考虑到多种要素间的相互作用。在综合创新创业人才培养范畴和教育实践体系特征的基础上，我们提出构建教育实践体系过程中需要遵循的一般性理论原则。

1. 目标性原则

高职院校教育实践体系的建构必须紧紧围绕培养大学生创新创业能力这一人才培养目标来进行，要把培养既具有扎实的理论基础，又具有较高创新素养和较大创业潜能的人作为教育实践体系的出发点。制定的教育实践体系人才培养目标应该根据高职院校人才培养规格、专业学科特点及发展规律以及社会对人才的需求，来进行明确的、有针对性的具体目标设定。

2. 系统性原则

高职院校教育实践体系的构建应该根据高等教育的规律，人才培养特点，按照各个教育实践环节的地位、作用及相互之间的内在联系，运用系统科学的方法进行统筹安排。教育实践环节的时间安排上要保持连续性，要处理好实践教学与理论教学的关系，合理分配课时比例，保持整个教学过程的系统性。实践教学与理论教学的相互衔接、相互渗透，使体系内的各个环节协调统一，贯穿于高等教育的全过程。

3. 层次性原则

大学生能力的发展是一个循序渐进的过程。遵循这一客观规律，教育实践体系也应分阶段、分层次逐步深化。其教育实践目标要由易到难，教育实践环节由简单到复杂，教育实践方法由单一到综合，分阶段、分层次、循序渐进地加以构建。

4. 实践性原则

实践出真理。因此对教育实践体系的构建要有利于学生实践能力的培养，主要体现在教育实践目标要符合社会发展和人才需求，除培养学生的应用实践能力外，还要注重创新创业能力的培养，以满足学生自主发展的需要。在教学内容上应突出知识更新的要求，以实践、实训活动为主导，模拟真实的环境来开展教育实践。

二、教育实践体系构建的目标导向

创新创业人才培养目标是高校教育实践体系构建的目标导向，也是其核心前提。指的是在教育实践体系的构建中，要把培养学生创新创业能力作为教育实践人才培养目标，把创新创业人才培养目标贯穿教育实践体系的每个环节中，通过教育实践活动培养学生的实践能力、创新素养和创业潜能，使学生对实际问题的解决能力和综合素质得到提高，使学生做到德、智、体、美全面发展。

（一）培养学生理论联系实际的能力

教育实践的首要任务就是要求学生能将理论知识与实践动手能力相结合，将课堂教育与社会实践相结合。学生工作以后，坚持理论联系实际，充分利用理论知识、指导思想，去观察、处理问题，解决实际工作中遇到的现实问题。学以致用是从古至今都崇尚的人类知识获取和使用的目标，其实现学以致用目标的过程就是通过教育实践。教育实践培养学生运用知识、创造知识的能力，使学生能真正发挥理论指导实践的作用，为学生毕业后进入社会工作创造必要条件。

（二）培养学生发现问题与解决问题的能力

在用人单位看来，现在的大学生发现问题、解决问题的能力并不理想。因为实践经验的缺乏，在工作中很难发挥高学历知识教育的优势。因此，通过教育实践，积极调动学生的观察力、理解力和思考力，培养学生创新能力、激发学生创业创新潜能，对新时期人才培养的意义尤为重要。在日新月异、不断变化的世界环境中，具备创新能力的人才能发挥举足轻重的作用，为社会发展做出贡献。只有通过创新能力的不断提升，使学生富有创造力，激发创业潜能，才能开辟新的行业和领域。

（三）培养学生的创新实践能力

在创新创业人才培养的要求中，学生创新创业能力的核心就是创新，创业是在具备一定程度创新的基础上升华得到的。实践能力是创新能力发展的基石，高职院校要构建面向创新创业能力培养的教育实践体系，在教学中培养学生的创新实践能力，是符合现代教育要求和社会人才需求的。没有实践能力，创新能力是不可能得到发展的。学生在实践中不断积累自己的实践能力，形成良好的创新意识，无形中就会使自己的创新能力逐步提升。

人才综合素质的提升是一个国家综合国力提升的表现。国家培养学生的综合素质，正是靠在学生进入社会前，通过教育实践来逐步使学生得到全面发展的。

高职院校要依据自身的学校定位，适当调整各学科教学计划，以培养学生创新创业能力教学理念为指导，突出教育实践体系各环节的连贯性和整体性，完善教育实践内容，积极培养学生实践能力，满足新时期学科专业发展对专业人才的需要，力争实现创新创业人才培养目标。

三、创新创业教育实践体系的认知

创新创业教育实践体系指将创新创业教育建立一个由浅入深、由简单到复杂的教学与活动体系，通过这个体系，把专业教学活动、社会实践活动、实习实训活动、科学研究活动、创业实践活动结合起来，形成循序渐进的创业全过程实训。创新创业教育实践体系的实现主要是通过整合学校、企业和社会的各种资源，建立开放式、多元化的创业实践平台与基地来实现。

创新创业教育实践体系是在创新创业教育的实践观指导下的体系建设，大学生创新创业教育有别于专业课教育和基础课教育，要求在传授理论知识的基础上，让学生掌握认识自我、认识事物、认识社会的方法和手段，培养学生创新创业能力、发展事业的能力，因此在授课或活动的过程中，要坚持理论与实践相结合、突出实践的原则。根据创新创业实践教学的特点，我们把创新创业实践体系分为认知性创新创业实践、思考性创新创业实践、模拟性创新创业实践。

（一）认知性创新创业实践

一是组织学生参加社会实践和社会调查活动，深入认识社会，了解企业现状与发展，提高认知能力；二是指导学生充分利用课间实习与毕业实习，接触专业实践活动，提高专业创新创业能力：三是指导学生在实习实训基地中体验企业管理和企业文化，提高管理创新创业能力；四是发挥优秀毕业生的创新创业典型的示范作用和成功案例的激励作用，或请其进来采用讲座、座谈的形式教育和引导学生，丰富学生创新创业知识与体验，或采用访谈的形式让学生接触典型、感受典型、学习典型，提高创新创业的激情与能力。

（二）思考性创新创业实践

学校通过举办创新创业计划的相关比赛，引导学生参与各种科研训练活动，进行创业教育的熏陶。尤其是综合性、设计性科研训练活动，如各高职院校开展的大学生研究训练计划项目。使学生在训练、比赛中，激发创业意识、体验创业经历、增进沟通交流、培养团队精神。定期开展创新创业技能专题讲座、学术周、科技月等科技创新活动，以设立研究、创新基金等方式对学生的科技创新项目提供资金支持、创新实验平台。

（三）模拟性创新创业实践

模拟性创新创业实践，创立校内外创业孵化与创业实践基地。指导学生参加有关提高专业和创业能力的训练活动。依托校内大学生创新创业实践基地与大学科技园，让学生通过实践从理论中走出来，汇集智力、知识、技术、资金，使其成为学生科技合作交流与创新创业服务的平台；依托校外创业孵化基地和各类型创业中心的合作，与各企业合作，共建模拟创新创业平台（如工厂、企业）等实战场所，与此同时，要充分发挥各高职院校社会的有效资源，达到“节能高产”。让学生感受企业的发展历程，实际参与企业的具体管理和运作环节，使教学与社会生产紧密结合起来。

在创新创业教育的实践体系中，要做好统筹规划，做好创新创业园区的建设，重新评估现有创业园工作开展情况并加强建设，规划建设一批新的创业园区。在创新创业园区的建设方面，省教育主管部门应积极协调省财政部门，把创新创业园区的建设纳入专项资金项目，进行专项建设。创新创业园区应包括创新创业教育、项目管理、资金管理、孵化器、创新创业培训等功能。

第二节　实践存在的问题

随着中国高职院校教育改革的持续推进，创新创业教育的不断发展，一些深层次问题逐渐显现出来，创新创业教育实践体系不健全就是其中之一，这个问题在一定程度上制约了创新创业教育的发展。

一、创新创业教育实践体系构建的困境

创新创业教育实践活动在高职院校已经开展起来了，也取得了明显的效果。但在创新创业实践过程中出现的困境也是不可忽视的。

（一）创新创业教育目标模糊

创新创业的教育在高职院校已经开展了数年，可是创新创业的目标和定位在许多人的心目中仍然是模糊和单一的。美国考夫曼企业家精神研究中心（The Kauffman Center for Entrepreneurship Leadership）所定位的创新创业教育的目标是“通过培养创业意识、了解创业知识、体验创业过程，使大学生能像企业家一样行为，具备将来从事职业所需的知识、技能和特质”。创业教育目标应该是知识与技能，结构与方法，情感、态度、价值观三维目标的统一。

目前高职创新创业教育存在目标模糊的困境，主要体现在两方面：一方面，创业教育缺乏价值引领，分类、分层指导不够。高职学院创新创业教育核心是培养人才，需要回答好“培养什么样的人”和“怎样培养人”这两个问题。这其中包括价值观引导和教育，具体到某个高职院校，就是其人才培养的价值引领和特色层次。然而，当前高职院校创新创业教育人才培养目标总体模糊，创新创业教育实践内容设计指向主要是以技能性教育为主，如创业的商业管理与运营技术、商业税法以及融资方法等，忽视了价值塑造的内容，培养也存在趋同化现象。另一方面，创新创业教育目标的单一性造成创业教育功利化倾向严重。许多高职院校的教师认为创新创业教育仅仅就是专注于培养大学生成为小老板，或者成为企业家的一种商业教育或创业培训，这种缺乏分类、分层次的创新创业教育目标限制了创新创业教育的受众面，即主要面向具有创业意愿和已经付诸创业实践的群体开展，并没有面向全体学生开放。造成了一般高职院校的创新创业教育只是精英教育，大部分大学生都没有加入到创新创业教育的实践中来。例如，高职院校的创业大赛就带有极强的精英化痕迹，关注的只是小部分有骄人业绩的人，参与面不广。但与之相矛盾的是，随着信息技术和互联网的蓬勃兴起，当代大学生逐步告别传统求稳的就业观念，愿意以自主创业的方式开始尝试实现人生价值。这些有创新创业意愿的学生是有很大一部分的，但是像技能大赛这样的实践活动却不具有普遍性，也仅是少部分同学参与，由此可见，模糊的、单一的创业教育目标，必然会造成创新创业教育与现实需求的冲突。

（二）创新创业教育实践缺乏整体推动

随着社会经济的发展和国家政策的倾斜，一些高职院校在创新创业教育实践体系建设方面进行了探索。这些高职院校通过开设创新创业教育课程，开展以创业教育为主题的第

二课堂活动，设立高职院校创业园、创业孵化中心、创客等，为学生开展创业实践活动提供了极其丰富的载体，创业教育实践活动也开展得轰轰烈烈。但随着活动的开展，一些新问题也接踵而来。例如，在一些高职院校中，创业课程由相关学院开设，创业教育实践环节由学工部门牵头，创业竞赛由团委牵头，这容易导致多部门功能设置重叠、任务内容重复，最终造成资源浪费。多部门牵头开展的创业教育在发挥了各自优势的同时，也容易造成各自为政、缺乏协同，致使创业教育实践缺乏体系性和联动性，进而阻碍创业教育实践的健康和快速发展。高职院校创业教育实践是个系统工程，它与创业教育的目标体系、课程体系等息息相关，需要协同联动，共同推进发展。然而，目前高职院校创业教育实践工作多重视载体建设而忽视实践体系构建，缺乏统筹规划与顶层设计，缺乏整体推动的战略眼光。这些问题致使创业教育呈现出声势大、成效小，尝试多、规范少的尴尬局面。

（三）创新创业教育课程建设不成体系

经过多年的发展，我国创业教育从照搬照学外国模式，到探索具有中国特色的创业教育之路，取得了一定的成果。许多高职院校开设了《大学生 KAB 创业基础》《创业管理》《大学生就业与创业指导》等课。与此同时，形式多样的创业教育活动也在各大高职院校开展，如“挑战杯”大学生创业竞赛、模拟公司训练营、创业孵化项目评比、创业之星评选等。许多高职院校在创业实践方面取得了不小的成就。但是，高职院校已设的创业课程和开展的创业活动，明显存在一些问题。一是课程之间缺乏相关性、互补性和层次性，没有形成创业教育课程体系。有的创业教育课程仅仅定位在知识传授上，相对封闭，缺少实践体验环节。二是创业活动之间缺乏连续性。例如，创业竞赛仅仅停留在竞赛上，缺乏竞赛之前的系统谋划和竞赛之后的持续关注，其典型表现是大学生“挑战杯”创业项目往往止步于大赛结束时。三是创业课程教学与创业实践活动之间缺乏联系。创业实践活动不是创业课程教学的必要延伸，创业教育课程也不是创业实践活动的理论支撑。众所周知，创业教育课程与其他纯知识传授型课程有本质的不同，它本身是一种实践，即需要将创业知识、创业理论与创业技能、创业实践有机结合，实现创业教育第一课堂与第二课堂的协同发展。鉴于上述实际，涵盖创业实践教育的高职院校创业教育课程体系的建设任重道远。

（四）创新创业教育服务平台能力单薄

创新创业教育实践的最终目的是推动创业项目落地。因此创新创业教育实施中，除了提供必要的教学条件外，还需要有大量创业服务平台的支撑。然而目前高职院校创业教育服务平台的能力普遍单薄。究其原因，一是缺乏社会企业的支持。在以赛代训的背景下，学生创业项目大多缺乏实践基础，难以进入实际操作阶段，尤其是社会企业界的支持热情不高，使得服务平台缺乏资金扶持、经验指导和技能辅导。二是缺乏技术力量的支持。这反映在当下大多学生创业项目缺乏高深的技术含量上，学生创业项目可复制性较大，影响了创业项目的生命力。三是高职院校内部支撑学生创业的联动功能低下。在一些占有国家大量研究资源、优秀师资和科学技术的研究型大学中，每年有成百上千项科技发明与专利因缺乏联动和激励机制的设计，无法对接创业学生的需求，进而丧失了转化为用的机会。事实上，要推动创业项目的落地，相关服务平台的有力支撑是关键。

二、高职教育实践体系困境原因

创新创业教育实践的困境有多种，而这些困境的产生是因为在高职院校的各个方面还存在着多种矛盾冲突。

（一）高职院校内部不同层面存在观念冲突

高职院校内部不同层面存在的观念冲突对于创业教育实践体系的构建有着深刻的影响。“冲突”具体表现在 3 个方面：一是对人才培养定位认识不一致。在高职院校中，部分教师认为，人才的培养是高职院校的职责，而创业人才只是部分人才，不包括全部的学生。教师对人才培养的定位还不准确。二是对创业“失败”和“成功”的理解不一致。有些人认为创业教育实践是育人的过程，对于学生来说，即便创业失败也是一种成长；相反，持不同观点的人认为，大学生创业成功率极低，而失败对大学生打击可能很大，担心大学生难以承受，影响大学生的身心健康，故没有必要在上学期间承担这样的风险。三是不同专业之间对创业理解得不一致。职业性相对强的专业对创业教育需求相对弱一些，因而对创业教育的阻力会更大；相反，职业性相对模糊的专业对创业教育需求相对较高。

这些冲突往往会体现在不同人群的思维和行动中，包括学校领导干部、教师和辅助人员。观念的冲突在一定程度上造成了创业教育目标的模糊和创业教育脱离学生实际需求的现象，不利于创业教育实践体系的构建。

（二）高职院校创业教育实践缺乏顶层设计

综观前几年的高职院校创业教育，其顶层设计是欠缺的。高职创业教育已经有了多年的实践，可有的是从经济管理学院萌芽启动的，有的是从技术转移中心牵头开始的，有的则是从就业角度唤起对创业教育的关注，还有的则是为了完成各类比赛任务而推行的阶段性活动，等等。由于缺乏系统的顶层设计，加之创业教育常被放在第二课堂或者旨在丰富学生课余生活的课外活动中进行，学校相关单位或部门常会凭经验或兴趣而行，使得创业教育变得零散化、碎片化。

实际上，即便是看起来相对系统的创业培训也存在上述类似问题。举行一次培训就算是开展了创业教育，培训还常出现“三无”现象，即课程设计无体系、培训过程无监管、培训结果无评估。这种现象与相关部门对创业教育的随性定位有很大的关系。

此外，由于高职院校对部门的功能分工缺少系统的研究，在部门的职责定位和工作范畴上容易形成“重叠”与“缺位”并存的现象，即易出成绩的工作常被抢着做，需要革故鼎新、面临巨大挑战或者需长期默默坚持才可能有所收获的工作往往成了大家争相躲避的对象。这容易诱发各自为政甚至冲突的局面，导致力量集聚难、资源整合难，也难以形成良好的创业教育组织环境和创业教育文化氛围。

（三）高职院校创业教育学科建设滞后

由于创业教育缺乏全国层面的学科设计、指导和要求，除了个别高职院校自我探索外，绝大部分高职院校很少涉及创业教育学科和专业建设。

创业教育学科建设的滞后直接影响了创业教育课程体系的开发与建设，部分高职院校的“创业教育既没有系统的创业学课程，也没有融入学校的专业教育当中”。此外，高职院校缺乏对创业教育的研究，同时高职教育的研究机构的设置也被认为是可有可无的，对于如何将创业教育的理念融入本校的人才培养理念、如何处理创新与创业的关系以及如何实现科研成果的转化等问题没能做出很好的回答。

因此，创新创业教育在全国高职院校范围内缺少理论支撑，课程设置和资源分配缺乏顶层依据，专业设置缺乏学科依托，这一切影响了创业教育的广度和深度。

三、创新创业教育实践体系构建策略

高职院校创新创业教育实践体系要以解决实践活动的矛盾冲突为目标，在实践活动中完成创新创业教育体系的构建。

（一）构建以学生需求为导向的创业教育目标体系

创新创业教育实践体系作为一项培养人的创新创业精神和能力的系统工程，其目标要根据大学的人才培养目标和大学生的需求来制定。

创新创业教育目标体系的构建可以很好地解决创业教育目标模糊与单一的困境。大学创业教学目标体系的构建应该分为两个层面：一是面向全校学生的共性层面，主要以创业意识、创业知识、创业能力、创业精神等创业素能为目标；二是面向特殊群体的个性层面，主要针对具有强烈创业意愿和梦想的学生，以培养其市场的敏锐性、决断的自主性、思考的独立性、创业的竞争性和合作性、技术的创新性、管理的科学性等品质为目标。

高职院校要围绕培养创新创业人才的目标，把推动大学生创新创业教育工作作为培养高职人才的重要组成部分，构建一体化的创业教育目标体系。在共性层面，高职要把向社会输送更多有志于担当社会责任、创造社会财富的精英人才作为人才培养的重要目标，积极探索创业意识激发、创业技能提升、创业项目打磨、天使投资对接、创业项目落地的“全链条”式创业教育实践体系，逐步形成以学生需求为导向、以创业素能为核心、以创造价值为动力、以创业实践为抓手、“学研产用”相结合的分层分类的创业教育模式；在个性层面，高职要将“培养有志于担当社会责任、创造社会财富的创业精英”作为创业教育的目标，实现企业家精神、创新能力、组织能力、领导能力、机遇把握能力、技术型创业、国际化创业等素能的融合。

（二）构建以资源整合为导向的创业教育组织环境体系

创业教育组织环境主要指通过对以创业实践载体、创业社团、创业竞赛和创业实践平台为主体的创业教育实践类资源进行有效整合，创造良好的创业教育环境，形成浓郁的创业教育氛围。构建创业教育组织环境体系能够有效地解决创业教育实践载体繁杂和实践体系零散的矛盾。

大学在开展创业教育时，一方面，要建立统一的创业教育领导机构，进行顶层设计和宏观规划，统一调动高职院校的创业教育资源，对全校创业教育工作和创业教育组织或团体进行宏观管理和监控；另一方面，要打破学校各部门各自为政的局面，将优秀的创业教育资源进行整合，营造良好的创业教育环境，共同构建创业教育的组织环境体系。

高职要以资源整合为导向，采取多项举措构建良好的创业教育组织环境体系。一是加强顶层设计，提供机制和政策保障。一方面，建立学生创新创业工作协调机制，成立大学生创新创业教育工作领导小组，协调校内有关部门单位抓好创新创业人才培养；另一方面，出台一系列文件，帮助引导大学生处理好创业与就业、学业的关系。二是整合校内资源，激发创业意识。高职要依托勤工助学与创业指导中心、“蒲公英”青年创业学院、青年创业俱乐部、微创业联盟等近 30 个创新创业社团，持续开展“创业者导航”“创业点子秀”、创业沙龙、“创业在路上”等活动。三是加强校内创业教育实践基地建设。为满足学生创业实践需要，高职院校要建立创业教育实践基地，引导学生经常参加创业实践活动。为创业教育实践体系构建创造良好的组织环境体系，有效地保证学校创业教育的顺利开展。

（三）构建以专业教育与创业教育融合的创业教育课程体系

在专业教育中融入创业教育，建立创业教育的课程体系，这能有效地化解创业教育课程建设封闭和实践活动孤立的尴尬。一方面，专业教育为创业教育提供创业教育的观念、技能、能力、思想和理论，为创业教育的开展提供了指导；创业教育对专业教育的观念、技能、能力、思想和理论进行检验，同时为专业教育提供素材和内容。另一方面，专业教育与创业教育相互融合，将创业教育贯穿人才培养全过程，既发挥专业教育的知识优势，也体现创业教育的实训、实践优势。创业教育课程体系主要包括学科课程、通识课程、活动课程和实践课程等方面。学科课程是以创业教育学为主的一系列课程，是根据高等学校创业教育目标和实施创业教育的需要，为学生在创业过程中必须掌握的创业教育学科理论知识和创业理论知识而设置的理论性课程。

创业教育活动课程是根据高等学校创业教育目标，学生在教师的指导下，根据市场发展和自己的兴趣及条件，选择不同项目，以独立或小组合作的形式，用类似创业活动的方式开展的课程形式，主要目的在于辅助专业教育。创业教育实践课程是以创业模拟实践和创业实践为主的课程，主要目的在创业的实践和实战。

（四）构建以技术引领为导向的创业教育实践支撑体系

大学创业教育必须以技术为方向引领，建立起一整套完整的“产—学—研”联合教育体系，在能力范围内将能够用于实践教学的基地充分利用好，建立创业教育实践支撑体系。创业实践最终要走向市场、走向社会，这就要求创业教育实践不仅要整合校内资源，加快高职院校科研成果、学生创业成果与企业需求的融合，还要依托更广阔的社会资源，争取和引导政府、企业对创业教育的支持，实现创业教育实践项目资源与平台的无缝对接。

高职院校可以通过校友会、大学科技园、所在区域高新技术产业园等机构组建对大学生创业感兴趣的天使投资团，以实现快速融资，也可以与所在地高新技术产业园开展实质性合作，为大学生创业提供免费场地支持，促成大学生创新创业实践体系的完整架构。

第三节　创新创业实践体系建设

当前，我国高等教育人才培养与我国经济社会发展需要相比，还有许多不相适应的地方。主要是创新型人才匮乏和人才创新创业能力不强。党的十七大提出“提高自主创新能力，建设创新型国家”和“促进以创业带动就业”的发展战略。《国家中长期人才发展规划纲要（2010—2020）》中总体部署部分也提出了“加强人才资源能力建设，创新人才培养模式，注重思想道德建设，突出创新精神和创新创业能力培养”及“突出培养创新型科技人才”。这些指导方针对高职院校人才培养提出了新的要求，特别是要加大对大学生创新意识和创新创业能力培养的力度。创新创业教育的核心内涵是：面向全体学生，结合专业教育，将创新创业教育融入人才培养全过程。创新创业教育的主要特点是实践性与主体性，即以学生为主体充分发挥其主观能动性，注重体验的教学实践特点，通过体验使学生获得创新创业的感性认识与经验积累。健全的高职院校创新创业教育实践体系是使创新创业教育观念转化为教育实践、实现创新创业教育培养目标的重要基础与保障。

一、教育实践体系构建的主体内容

（一）教育实践体系构建的阶段内容

按照不同的教学目标，遵循实践内容深度的递进，实践技能层次的递进，综合应用水平的递进原则，教育实践活动主要包括基础实践阶段、专业实践阶段和综合实践阶段。这样学生可以合理地、循序渐进地安排实践教学活动，将创新创业人才培养目标和实践教学内容具体落实到各个阶段中，达到学生实践能力、创新能力的培养要求。

1. 基础实践阶段

这个阶段是专业能力初步锻炼的阶段，对加深理论知识的理解、弥补课堂教学的不足起着重要作用，也是专业实践阶段的前提。基础实践阶段主要包括课程实验、社会调查和参观见习，重点培养学生基本技能和基础实验能力。课程实验的教学目标是以理论知识为支撑，使学生具备以操作能力为主的基础实践能力，通过实际操作和应用来发现和解决问题；社会调查通过实地调查研究，促使学生去验证和解决课程中遇到的理论性问题；参观见习的目的是增长自身专业知识的见识，主要通过老师带团参观与专业相关的校外单位等方式进行。

2. 专业实践阶段

这个阶段是经过专业知识的系统学习之后，把所学知识运用到科研探索中的阶段，它强调专业实践的重要性，是对学生科研能力培养的有益尝试。专业实践阶段主要包括课程设计、项目实践和专业实训。课程设计对培养学生提出、分析和解决问题以及初步形成科学研究的专业综合能力起着重要的作用，是巩固所学理论知识的重要途径。学生在课堂学习时间有限，不可能完全掌握学科专业知识，所以项目实践环节可以使学生根据自己的特长，选择感兴趣的某一专业项目，在教师的指导下，以项目小组的形式组合在一起学习和研究，通过互帮互学，培养团队精神和融会多学科知识的能力，培养学生设计实践的能力。专业实训主要采用校企结合的形式，由学校老师和企业老师带队，走到实际的工作环境中去，让学生亲身体会到未来的工作状态，帮助学生及早地适应工作环境，使其满足行业需求。它是连接校内学习和企业需求的桥梁，是毕业实习的一个提前模拟。

3. 综合实践阶段主要

本阶段包括科研竞赛、毕业实习等，重点培养学生综合实践能力和创新能力。在科研竞赛中，学生在学校指导教师的辅导下，参与老师课题研究、科研立项和大学生创新性实验项目等学术活动，也可以参加本专业的各项竞赛活动等，锻炼自己把理论知识与实践能力相结合的能力。毕业实习是学生自己参加到相关企业部门中去，并没有教师从旁指导，是学生真正投入实际工作中，发挥自己的综合能力，解决问题，给企业创造经济效益的过程。学生在毕业实习中，积累工作经验，为就业做准备。毕业实习过程中，学生专业知识得到了总结和升华，体现出学生的科研能力和创新能力。

（二）教育实践体系构建的基地建设

教育实践体系构建包含基地建设。教育实践基地建设又可分为校内实训基地建设和校外实习基地建设。校内实训基地主要面向本校师生，采取校企结合的模式，在校内开设企业培训课程，进行企业模拟实践项目，是能体现学校管理和专业特色的实训场所。校外实习基地需要依托企业的老师，按照企业生产实践的真实需求，参与学生的校外实习教学环节的管理和指导工作。良好的实践环境是培养学生实践能力和创新能力的重要基础，所以高职院校应以校内实训基地发展为核心，稳定与扩展校外实习基地建设，采取校内外共建相结合的思路，推进高职院校教育实践改革的基本环境保障。高素质的教育实践师资队伍是高职院校教育实践体系构建的质量保障。

高职院校开始认识到，教育实践人员已不再是传统观念中的教辅人员，而是教学活动的主体。实践教师队伍素质的高低，直接关系到学生实践能力、创新能力培养的好坏。

二、创新创业教育实践体系建设的措施

（一）创新创业教育实践管理机构的建立

高职院校创新创业教育在我国经过 10 多年的摸索和实践，已经取得初步的成绩和一定的经验。目前多数高等学校采取在院校创新创业领导小组的直接指导下，依托教务处、科研处、学工处、团委、就业等部门的相关力量，协调各系部投入创新创业教育实践活动。教务管理部门负责创新创业课程（多为选修课程）教学计划的制订。学生管理部门负责组织、协调校内的创新创业项目比赛活动。科研部门联系有关专家进行评审、检查、讲座培训等工作，并与就业管理部门一道做好学生创新创业成果的催化、孵化、转化。各系部配合各种创新创业教育实践活动，组织师生，提供设备场所，进行具体工作。

这种组织工作形式对于面向赛事与项目型实践活动比较实用，却存在着局限于操作层面和技能层面的问题，而创新创业教育是一项全面的、系统的、长期的发展战略，因此，要理顺领导体制，着力推进创新创业教育实践工作。

（二）创新创业教育实践的开展

创新创业教育是一项系统工程。要想完成高职院校创新创业教育的任务，引导学生正

确创业，需要将创新创业教育融入各专业学科，把创新创业素质与技能培养贯穿于专业教育实践的全过程。

1. 结合专业实践教学，打好创新创业基础

加大对学生创新思维和创新创业能力培养的力度，是制订新的专业人才培养方案的主要内容。建立创新创业人才培养体系，专业实践教学至关重要。创业的本质是创新，是变革。对于创业者来说，光有创新是不够的，但没有创新的创业活动难有后劲。创新需掌握充分的专业基础知识与扎实的专业技能。专业实践教学是帮助学生巩固理论知识、增强动手操作能力的最好手段。专业实践教学内容要结合专业人才就业、创业需求进行充分调研和论证，根据职业岗位知识与能力的要求，将创新创业知识与能力的培养融合于各门课程之中，有效组织实施教学实践活动。

不断跟踪行业发展动向，及时调整课程与实践教学环节设置，把握专业学习方向，确保学生所学知识与技能的适用性与先进性，以利于创新创业人才培养目标的实现。

此外，各科专业的课堂教学要尽可能运用实物教具、视听多媒体教学设备及相应教学软件等，使学生对专业基础知识的学习有更多感性的认识。

2. 推广项目型实践教学，提高创新创业水平

推广以项目型实践为核心的创新创业实践教学模式，让所有学生得到创新思维和创新意识、创新创业能力的训练与培养。项目型实践教学以实现课题项目要求为目标，是对学生专业知识与技能的综合运用能力进行的训练实践，强调的是对学生科研能力与创造性思维能力的培养。项目型实践最能体现学生在创新创业实践中的主体性特点，从项目方案的研讨设计，设施器材的申请准备，到项目方案的执行操作、检测修改，以至目标实现，整个过程都可放手由学生自己完成。学生是项目实践的主角，教师应主动充当配角，起参谋辅助、启发引导作用，让学生更多地感受创新科研的过程与情境，增强他们创新创业的意识和勇气。创新型项目实践教学可以借鉴“大学生机械创新设计大赛”等系列赛事项目，围绕学生动手能力、实验综合能力、独立思考能力、实际应用能力等创新实践能力的训练，开展大学生创新性实验项目，使广大的学生得到科学研究与发明创造的初步训练，使学生学会利用所学专业知识与技能解决实际问题。创业型项目实践教学可以借鉴“挑战杯”创业计划竞赛等系列赛事项目，培养学生人际交往能力、组织管理能力、开拓创新能力、竞争能力、决策能力等创业基本能力和素质。创业过程本身就是创新的一种表现形式，创业实践环节是对创新实践内容的丰富和发展。从某种意义上说，创业能力强弱，反映了一个人的创新精神和实践能力的强弱，创业教育与创新教育在人才培养的目标上是高度一致的。

3. 抓住毕业实习契机，加强创业能力训练

我国大学生创业欲望强烈，但实际参与创业的比例不高，创业成功率更低。究其原

因，主要在于校内的各种实践与社会生产实际存在一定距离，大学生缺乏现实社会工作经验。毕业实习过程中，学生通过在单位为期数月的岗位工作劳动，可使学生积累一定实际工作经验，对所学专业内容有更深切的体会，为真正走入社会奠定基础。近些年来，大学生毕业实习多采用个人联系实习单位，直接与自己未来的就业或创业挂钩的形式进行实习，这是磨炼学生吃苦耐劳品质，培养实干精神，学会自立自强的重要过程，也是开展创业训练的大好时机。学校应抓住这一机会，在毕业实习之前，组织学生预先进行 KAB（Know About Business）、SYB（Start Your Business）等创业教育项目培训，并制订与创业能力培养相关毕业实习计划，要求学生在实习过程中关注思考创新创业相关课题，并在其毕业实习报告中得以体现。通过学校的组织引导，学生的创新意识、创新创业能力将会得到进一步的加强与提高。

（三）创新创业基地的建设

高职院校创新创业实践基地是培养学生创新意识、创造能力和创业意识的重要物质基础。校内创新创业基地与大学生创业园和校外实践基地的有机结合，为大学生创新创业实践提供了平台。

1. 共享已有校内实践资源，统筹营建创新创业基地

提倡节约环保、资源共享的理念，校内创新创业实践基地建设可以凭借学校现有科研实验场所、实验仪器设备等专业实践教学资源为基础，根据创新创业人才培养的基本技能实践、创新项目实践、创业项目实践等类型需要，对其规模、功能及结构进行系统研究，统筹规划与调配，适度重组与补充，尽可能减少重复建设，最大限度地合理利用实验室的仪器设备资源，挖掘更多的实验功能。提倡建设开放性实验室，在满足正常的教学、科研工作基础上，对需要进行创新创业项目实践与基本技能训练的同学，实验室也可安排一定时间予以开放。

发挥实验室对学生创新创业素质的培养作用，鼓励学生开展探究性的学习与研究。校内创新创业基地是学生创新创业能力培养的基础性实践平台。

2. 搞好大学生创业园建设，发挥其创业人才培养功能

大学生创业园或科技园的投资主体主要是政府、大学和少数企业，是我国高等教育体系的重要组成部分。园区融大学生创业实践、创业孵化、创业培训、创业服务功能于一体，是促进高职院校产学研结合，开发大学生创新思维，进行大学生创业教育实践的重要基地。各高职院校建立的创业园或科技园都会结合其特有的专业属性，入住的大学生初创企业多数会与其所学专业有关。目前以科技型、信息型等产业或行业为主，大部分是中小型企业。园区鼓励大学生将实验室研究的成果和创新项目带到基地进一步研究开发，并通

过提供法律、税务、财务及政策信息服务帮助初创企业规避创业风险，提高企业的成活率。园区还有着创新创业教育培训功能，可以在孵化基地中举办专题讲座、典型经验介绍、创业企业观摩等多种形式的培训，以提高大学生的创业技能。对于大学生来说，进入这些园区企业参加创业实践，通过真实的创业活动，可以使他们的潜能得到进一步的开发，这种培养模式是学校教育的重要补充。高职院校应充分利用大学生创业园或科技园，为高职院校毕业生和在校大学生提供良好创业环境，使其成为高职院校创业孵化基地，成为创新创业教育实践基地。

3. 深化与校外实践基地的合作，强调创新创业教育理念

校外实践基地是学生在校期间结合专业学习，走出校门接触社会生产实际的重要实践场所。通过参观见习、生产劳动实习和毕业实习，培养了学生的专业技能、社会劳动适应能力、职业道德修养、创新创业实战能力。学生在实践中可以全面了解与体验实习单位的机构设置、工作流程、管理制度、产品与服务的市场行情以及企业文化等诸多方面，这些为学生未来的就业、创业储备了知识，积累了经验。

学校要重视和加强校外实践基地的建设和维系，积极与企业、单位等部门合作，发挥自己的科研优势，与他们一道克服技术难题，开展产品研发，互利互惠，实现校企双赢，长期合作。学校与企业、单位的合作可以使教师的教学、科研更加结合实际，也使学生的创新创业有的放矢。学校应充分利用校外实践基地这一平台，发挥其创新创业教育实践资源优势。

（四）创新创业教育实践的资金保障

高职院校创新创业教育实践工作要想得到长足发展，需要得到持续有力的资金保障。目前，对各高职院校而言，创新创业教育是一项长期战略发展目标，是一种投资于未来，投资于长远，受惠于学生，受惠于社会的事业。在现今讲求经济效益，轻视社会效益的大环境下，难以引起学校教育部门足够重视。

高职院校创新创业工作多在上级部门下达任务后，搞些学生活动，完成应景性工作。对创新创业教育实践工作缺乏系统性、长期性认识与规划，资金投入明显不足。大学生创新创业需要启动资金，具有一定的投资风险。受到资金条件的限制，各高职院校慎重评估、审核学生申报项目，能够真正实施的少之又少，创新创业受益面非常有限。

大学生创新创业实践，缺乏启动资金是最大的瓶颈。创新创业教育实践工作是一项系统性工程，各种实践活动的开展、实践基地的建设、对师生进行的教育培训、创新创业机构自身的科研与日常运行等也都需要有相应的财力予以保障。建议教育部门领导制定相应财务政策，在年度财务计划中，必须划拨高职院校创新创业教育实践专项资金，并将创新

创业工作纳入学校年度业绩考核指标，让各校领导能够充分重视起来。创新是一个民族进步的灵魂，是国家兴旺发达的不竭动力，国内高职院校要把创新创业教育实践放到重要的战略地位。

必须看到，我国目前创新创业教育仍处于起步发展阶段，大学生创新创业教育实践体系是一个庞大的体系和工程，需要投入大量的人力、物力、财力及政策信息资源支持。高职院校创新创业教育实践体系建设需要教育部门领导与广大师生共同关心，切实努力，才能迈上健康迅速发展的轨道。

第六章　高职院校创新创业教学质量监控体系建设研究

创新创业是提高大学生就业的重要途径，也是深化高校素质改革的重要举措，实现高校创新创业教育离不开完善的教学质量监控与保障体系，高校只有构建健全的监控与保障体系才能促进高校创新创业教育的健康发展。

第一节　高职院校创新创业教学质量发展现状

随着区域经济与产业的发展，新时期国家对高素质创新型、应用型和复合型的技术技能型人才的要求越来越高，建立科学、高效的教学质量监控体系已经摆上重要的议事日程。

教学质量是高等职业院校得以存在和持续发展的生命线。人才培养质量已作为衡量高职院校办学水平的第一标准。高职院校在校生规模不断扩大，也使高职教育的人才培养质量水平的提高和质量管理工作的难度更大，形势更加严峻。因此强化质量评价与质量监控管理具有现实的必要性和重要性。

高职院校只有建立全面系统的教学质量监控体系，才能够及时调整教学管理部门的工作，有效地监控教师的教学活动，以保障人才培养的质量，为社会培养更多高素质、创新型人才，实现高职院校创新创业人才培养的目标。

一、高职教学质量监控机制情况

当前培养高素质、创新型人才是高职院校人才培养的目标，这个目标对高职院校的教学质量提出了较高的要求。教学质量是衡量人才培养目标的重要指标，对人才培养的质量会产生直接而深刻的影响。人才培养的目标要求提高教学质量，建立高职院校全面系统的教学质量监控体系。这里所说的教学质量监控就是指高校的管理部门对高校教学过程和教学效果进行定期或者不定期的监督检测，并实施有效管理和控制的过程。教学质量监控体系就是教学质量监控的各个方面所构成的系统。教学质量监控体系可以实现对高职院校所有教学过程的管理和监控，发现教学过程中出现的问题，找出对教学质量产生影响的因素，不断解决问题，改变影响因素，从而进一步提高教学质量，以达到高职院校人才培养的目标。否则，教学管理过程就会无序发展，教学工作也就无法正常运行，高职院校人才培养的目标也难以实现。因此，高职院校人才培养的目标要求建立教学质量监控体系。

目前高职院校基本建立了以下 5 种教学管理和监控。

（一）日常教学检查制度

一般情况下，学院对教学工作实现每周一次的领导检查，及时发现问题并及时处理，以确保教学工作的正常运行。

（二）实施课程教学中期检查考核评估制度

提高中期检查，实现对教师的教案、备课情况、学生作业情况等进行检查，以督促教学工作的推进，以保证教师完成基本的教学工作。

（三）建立听课制度

通过院、系领导在每一位教师授课时听课，当场给出授课情况评价，以提高教师的教学工作。

（四）建立教学奖惩制度

由学校教务处对各位教师的教学情况进行统计、考核，并按照教学情况的评价进行奖惩。

（五）制定科研评价制度

通过对教师科研工作的督促，要求教师在完成日常教学工作的同时也进行学术科学的研究。

这些常规的教学管理及监控工作，对高职院校的教学工作的正常运行起到了一定的推动作用。

二、高职教学质量监控存在的问题

随着高职院校的发展与政策的引导和要求，高职院校在教学质量基本监控的基础上也进行了一些改革，但对教育教学质量的认识有待提高。许多高职院校还没有把提高质量作为一个带有全局性、长期性和基础性的重点工程来抓，师生缺乏质量的危机意识。同时，尚未建立起有效的教师教育教学质量标准，教师教学工作没有一定的标准要求可以遵循，难以有效地推进质量建设工作，“全员参与、全程监控”的机制尚未有效建立。教学质量监控体系尚未有效构建。许多高职院校没有体现出校个融合、工学结合的办学特色，教学质量的“一把手”工程有待贯彻和落实，职责不明，管理不力，要求不严，彼此推诿，指挥不灵，无法有效地推进质量工程的建设发展。没有建立多渠道的信息反馈和质量分析机制。“政、校、行、企”四方联动的质量管理工作尚未启动和实施，教学质量管理的手段比较落后，效率低下；在采用现代化教学管理技术上缺乏主动、积极态度，管理人员素质不高，责任意识、质量意识和服务意识有待进一步加强；教学质量的评价体系不够完善。比较注重课堂内的教学活动而忽视课外教学实践；注重对教师教学基本功的评价而忽视对学生综合能力培养的考查；注重对课程教学的评价而忽视课程建设等方面的考查；注重环节评价而忽视整体评价；注重结果评价而忽视过程评价；注重定量的评价而忽视定性的考查，从而使教师教学质量评价结果不能反映教学过程的全部。人才培养的方向需要调整。对人才需求的预期调查不够充分，没有紧贴社会经济发展的需要培养人才，加上高水平专业带头人偏少、资金投入不足、师资力量欠缺、奖惩制度不明等原因，导致各专业的建设水平不高，甚至个别省市级示范性建设专业长期难以有效地组织起专业建设工作。

高职院校教学质量的监控问题具体如下：

（一）教学过程监控要素不全

我们看到当前对教学质量的监控，主要是通过对教师的课堂教学工作进行监控来实施的，这种监控存在着要素不全的问题。教学的课堂只是教学过程的一个方面，教学过程还应包括许多因素，对其他因素的监控同样重要，不能只注重教学形式的监控，而缺乏实际教学环节的监控。例如，教务处一般会检查教师是否带了教学教案、大纲、进度表等，但忽视了教学过程是否应用了新的教学方法，引用了新的案例，是否与学生积极互动等。

（二）教学质量评价不够完善

教学质量的评价对教师的影响很大，但许多院校尚未建立系统的教学质量综合评价指标体系。教学评价中人为的成分比较多，客观的指标还不够，这使得教学质量的评价难以反映出教师的真实水平，缺乏科学性和客观性，教学质量评价体系仍然不够完善，影响了教师教学的积极性。例如，督导对平时来往较多的老师，出于个人感情会给出较高的评分，没有客观公正地对教学做出评价。

（三）教学评价具有片面性

教师的教学情况一般由学院督导来完成，督导的教学质量评价数据构成了对教师教学水平的衡量。但这种单一数据不能真正体现教师的教学评价，忽视了真正的授课对象——学生对教学的评价情况。学生对教师教学情况的评价在衡量教师教学水平中应具有重要的参考价值。同时对教师的教学评价不仅应包括学生的评价，还应包括管理部门、用人单位等多部门的评价，避免单一评价的主观因素，造成对教师教学评价的片面性。

（四）教学活动的监控范围不够

目前，高职院校对教师教学活动监控范围较窄，对教师的教学活动监控仅局限在教师的课堂授课情况，而忽略了教师在家里完成的备课情况、授课完成后的作业情况、课后的辅导情况，以及教学实践情况，这些都属于教师教学活动的监控范围。很多课程的教学内容分为理论教学与实践教学两个环节，学院在教学管理监控过程中，还要监控只重视理论教学而轻视实践教学的情况。如果不开展实践教学，就无法保障教学质量的提高。

三、高职教学质量监控的改进措施

教学质量监控体系是高等职业教育教务完成的管理核心，是高等职业教育人才培养质量提高的保障。全面系统的教学质量监控体系是由教学质量监控的各个方面所构成的，不仅包括教师教学的课堂过程、各级领导的听课过程、学生的学习过程，还应该包括完善的督导对教学的过程监控、完整的教学质量管理制度、多方的教学质量监控系统、全面的评价系统、教学的激励和约束机制、高素质的教师队伍，以及用人单位对毕业生的素质和创新能力的评价数据，等等。这些共同构成全面系统的教学质量监控体系，以保障教学工作的提高和高素质人才的培养。

除了当前高职院校普遍运行的教学质量监控方式外，最重要的是要建立以下机制。

（一）完整的教学质量管理制度

完整的教学质量管理制度是高等职业学院教学监控的依据。学院管理部门要通过调查研究，在教师中征询意见，根据教学的实际情况，制定一系列教学管理规章制度。包括：教学的组织管理条例、教学的运行管理条例、教学质量管理条例等大的规范，具体细化为：人才培养方案的指导意见、教学的课程标准、教学的管理工作条例，等等。教学管理工作者可以依据制度监督教师的教学工作；教师也可以依据制度规范自己的教学活动，充分调动学院教学管理者和教师授课的积极性。同时在教学实践活动中，要根据教育过程的实际情况、变化情况，不断地修订原有的教学质量管理制度；进一步端正学风，督促教师及管理人员恪尽职守，保障教学过程的各级工作顺利进行，提高教学质量，保障人才培养质量。

（二）多方的教学质量监控系统

教学工作始终是高职院校的中心工作，教学质量是评价和衡量学院工作的重要依据。学院全体人员要强化树立人才培养质量是生命线的观念。因此建立多方的教学质量监控系统是非常必要的。我们要明确教学质量监控的主要内容，要围绕人才培养目标定位，监控要贯穿于学生的整个学习过程，包括从入学到毕业的整个教学过程和环节。要完善学院、二级系部、教研室等多方教学质量的监控，建立教学质量监控管理平台，实现学院领导、系部领导、教研室主任对教师教学工作的共同教学监督。通过平台学院管理人员随时随地都可以看到任何一位教师的教学情况和课堂学生情况，真正实现教学质量的监控，促使教师做好教学工作，提高教学质量。在加强人才培养过程质量监控的同时，做好教学基本建设的质量监控工作，并要做好教学质量监控的反馈处理。

（三）全面的教学评价体系

高职院校要建立由教学管理人员、教学督导、教师、学生、用人单位等多渠道的教学质量评价体系。通过采集各种评价信息，综合分析教学质量状况，研究存在的问题，提出解决办法。首先，教学管理人员要做好教学过程的管理工作，保障教学工作的正常完成，提高教学质量。其次，督导对教师的评价应该及时公布，这样有利于教师了解授课中存在的问题与不足，并及时改正。再次，建立教师与学生共同进行的双向质量评价体系。对教师课堂教学质量的评价，应由所有学生进行评价，避免只由班委评价的片面性。同时，教师对学生学习质量的评价，应包含理论学习和实践动手能力，但须进行考核内容和方法的改革。最后，接受用人单位的评价。及时了解用人单位对毕业生的素质评价，通过麦克斯等第三方的数据分析，改进学院教学质量存在的问题。

（四）教学的激励和约束机制

要加大教学的激励和约束机制。教学的激励机制，可以增强教学管理者对教学工作监控的责任心；可以加强教师做好教学活动的积极性；可以督促学生遵守课堂制度、自觉学习的上进心，等等。同时教学的约束机制，可以保障教学活动和管理工作的规范运行，减少教学事故和违纪行为的发生。通过激励和约束机制，及时将教师授课的督导评价情况、学生评价情况、课后作业情况等公示出来，同时将考核结果与教师的职称晋升、工资晋级等相挂钩，真正实现奖优罚劣，以调动管理者和教师做好教学工作的积极性，真正实现教学激励与约束机制的作用。

总之，教学质量是高职院校发展的根本，建立适应学校实际情况的、切实有效的教学质量监控体系，才能发现和有效解决教学中的问题，促进学院健康发展。教学质量监控与保障体系的建立与运行需要各级领导的高度重视，更需要广大师生的理解与支持，还需要各部门的通力合作。高职院校要加强自我管理，逐步建立健全一套适合校情、能自我监控、保证教学质量、实现良性循环的教学质量监控与保障体系，把提高教学质量放在更加突出的重要地位抓紧抓好，使高职院校具有更强的生命力和竞争力。

第二节 高职院校创新创业教学质量监控运行

国家、教育部以及地方政府部门大力倡导推进创新创业教育，以此为抓手深化高等教育教学改革，培养学生创新精神和实践能力，同时也是落实以创业带动就业，促进高校毕业生充分就业的重要措施。根据区域经济社会发展的需要，高等职业院校积极推进创新创业教育，取得了显著的成效。但由于高职院校组建时间较短，创新创业教育教学质量监控本身也是新事物，缺少成功经验的借鉴，因此，高职创新创业教育教学活动的监控要在高职教学质量监控的基础上建立创新创业教学质量的监控，进一步提高高职创新创业教育教学质量。

一、高职创新创业教育教学质量监控的主要范围

高职创新创业教育教学质量监控的范围包括学校定位、培养目标、培养方案、教学条件、师资力量、学生素质、校园文化、教学管理等多层次、全方位管理与监控。此外，构建通畅的信息反馈机制是提高高职院校创新创业教育教学质量的重要手段，如高职院校教学的督导、师生座谈会的反馈、问卷调查等都是提升创新创业教育教学质量的有力抓手。因此我们结合创新创业教育教学活动的特点，将创新创业教育教学质量监控的主要范围定位为培养目标、组织机构、师资队伍、信息反馈和条件保障这 5 个方面，各要素之间相互影响，协同演化，共同提升创新创业教育教学质量。

培养目标主要聚焦学校在政策等方面的重视程度，以及人才培养的规格是否符合区域经济社会发展的需要等；组织机构是指是否建立了高效的管理机构，负责部署和执行各项质量监控措施；师资队伍是指高职院校从事创新创业教育教学任务的教师和管理人员的工作能力是否满足学生成才成长的需要，师资队伍的培养和考核机制是否健全；信息反馈主要考察创新创业教育教学在不同群体中的反应，注重信息渠道是否通畅，反馈的信息是否具有真实性和及时性；条件保障主要考量制度、硬件设施设备、软件配置等保障创新创业

教育教学质量的实施情况，涉及制度的制定机制、完善教育教学保障机制、激励机制等，要求考察措施是否有力、效果是否突出等。

高职院校创新创业教育的质量监控要围绕上述范围内的5个主要要素展开，全面监控创新创业教学质量，评价创新创业教育教学活动的状态，为提高高职院校创新创业教学质量奠定基础。

二、高职教学质量监控的运行机制

根据高职院校创新创业教育教学质量监控的主要范围，我们来分析高职创新创业教育教学质量监控的运行机制。

（一）重视高职创新创业教育教学质量监控工作

高职院校应该重视创新创业教育教学质量监控工作，将创新创业教育教学质量监控纳入日常教育教学监控体系，并作为其重要组成部分。要在学校政策层面积极支持创新创业教育教学质量监控工作，优化创新创业教育的环境，确保创新创业教育教学质量监控工作的顺利进行。积极鼓励各教学部门、基层教学组织、教师和学生参与各项创新创业教育教学质量监控活动，每年对创新创业团队进行考评，并将对学生创新创业团队的考核评比结果纳入学校素质教育工作的考核体系中。此外，高职院校应注重校园创新创业文化的建设，充分利用校园文化创造氛围，通过宣传栏、校园刊物、广播站、校园网络、报告会、学生社团组织及寓教于乐的文体活动等载体，使学生了解创新创业的政策法规等信息；通过各类制度化和非制度化、显性和隐性的环境因素及其综合作用，潜移默化地诱发和形成师生、员工强化创新创业教育教学质量的意识和个性心理品质，从校舍建筑和环境布置、校风学风建设到丰富多彩的社团活动，营造高品质的创新创业文化氛围。

（二）打造高效组织机构与高素质质量管理队伍

高效的组织机构与高素质的质量管理队伍是确保创新创业教育质量监控工作成败的关键。高职院校应建立专门的质量监控组织机构和服务体系，如可将创新创业教育质量监控的职能从教务处独立承担转变为由学校主要领导任组长，相关职能部门负责人为成员的校创新创业教育教学领导小组统管；教务处和创业学院合理分工，组织、协调和指导创新创业教育教学质量监控工作；各二级学院和相关职能处室分头落实，负责创新创业教育教学质量监控的具体运作和实施，架构层次清晰、布局合理、任务明确、齐抓共管的质量监控组织体系。在队伍建设上，一是要求创新创业教育教师除了具备创新创业教育的专业知识、较强的课堂讲授能力外，还需要拥有创业实践指导能力以及强烈的责任心和吃苦耐劳的精神。二是严格规范教师的招聘机制，以保证创新创业教育教师一开始就建立在较高的起点之上，为以后的工作开展提供良性的基础条件。三是建设一支能创新、善策划、执行力强、有行业影响力、与企业能融合的专兼职创新创业导师队伍和具有较高服务水平的创业园管理队伍。根据现代服务业需求的高技能人才的特点，吸引企业高管、小企业主等来承担教学任务，以此来弥补校内专任教师的不足，丰富的社会实践经验也将有效提高学生的创新创业质量。四是高职院校要定期邀请专家学者就创新创业教育的内涵、目标和人才培养路径等基础问题进行讲解，并有针对性地对创新创业教育教学质量监控的目标、评价指标和监控办法进行传授，提高质量监控队伍的工作水平。五是要积极选派优秀的中青年骨干教师赴创业教育比较发达的国家进修深造，提高专业技术水平；选派专任教师到现代服务业企业挂职锻炼，提高企业阅历和经营管理水平；在场地和资金等方面提供优惠政策，鼓励专任教师自主创业，提高创业实战水平。

（三）构建完善和畅通的教育教学信息反馈渠道

要建立创新创业教育教学质量监控长效机制，信息机制是基础，而信息机制又包括信息搜集和信息反馈机制。通过对搜集的信息进行整理分析，可以有针对性地提出改进措施。而反馈原理是指系统只有通过反馈信息才能实现控制。控制过程实际上是一个信息流通过程，整个信息流通构成一个闭合回路。反馈是借助受控系统的输出信息反作用于施控系统的输入信息，并对系统的再输出发生影响，从而使系统得到控制和调节的过程。因此，只有反馈渠道畅通，教学质量监控系统才可发挥及时有效的作用。此外，高职院校要建立部门和人员定期交流机制，共同研讨如何更为有效地提升创新创业教育教学活动的质量，同时消除误解、形成共识，提高工作合力。

三、创新创业教育教学质量监控保障机制建设

创新创业教育教学质量监控保障机制建设是提高人才培养质量的重要环节，也是实现高职院校人才培养目标的重要保障，高职院校要完善创新创业教育教学质量监控保障机制的建设。具体可从以下 3 个方面入手。

（一）完善创新创业教育教学的制度建设

制度是组织行为准则，它最能反映学校治校的理念与思路，是教学质量监控长效机制的最好保证。高职院校建立完善的创新创业教育教学的制度机制包括教学管理制度、教学质量监控工作制度和教学质量保障制度。创新创业教育教学管理制度是教学质量监控的根本依据，高职院校要周期性地修订完善整体各项创新创业教育教学管理规章制度，尤其是创新创业人才培养的总目标、教育教学工作规程、教育教学工作领导小组工作制度、教学事故处理条例、创新创业课程建设方案、创新创业实践教学工作条例、教师和学生管理条

例、教材开发与管理制度等。以完善的制度规范创新创业教育教学工作，能最科学有效地提升人才培养质量。

（二）建立完善的教育教学保障机制

教学运行与保障是教学质量的重要组成部分，互相促进，缺一不可。高职院校要针对创新创业教育教学的经费投入、仪器设备、创业园建设等建立相应的标准。这对规范办学以及提高教育教学工作水平提供了强有力的物质与政策保障。在硬件保障的同时，建立完善的教学质量软件保障机制也尤为重要。例如，学校领导者、决策部门对教学管理工作的重视程度，教学管理制度的顺畅运行的疏导，监督部门的责任权利保障等都必须有据可依、有章可循，要定期对创新创业教育教学质量评价指标体系进行比照，寻找差距，加大投入，提高创新创业教育教学活动的效果。

（三）建立有效的创新创业教育激励机制

高职院校要建立起利益驱动机制，这既是体现教师劳动的重要指标，也是促使教师主动、积极参与创新创业教育质量提升的重要动力。对在创新创业教育中做出突出贡献的教师，按照既定的报酬标准予以奖励。同时，要为教师个人的进步拓展空间，对于教师在教材编写、论文发表、进修培训、经验交流等方面，除了物质上给予鼓励，还应在软件方面创造空间给予支持。利益上的激励机制建设能增强教师在教学工作中的向心力和凝聚力，使创新创业教育教学活动能够步入良性发展的轨道。

创新创业教学质量监控运行机制的建设是实现高职院校人才培养目标必不可少的手段之一，因此高职院校要做好教学的质量监控，特别是创新创业教学质量的监控。

第三节　高职院校创新创业教学监控体系建设

创新创业教育是适应经济社会和国家发展战略需要而产生的一种教学理念与模式。在高校中大力推进创新创业教育，对于促进高等教育科学发展，深化教育教学改革，提高人才培养质量具有重大的现实意义和长远的战略意义。但对于高职院校开设的创新创业课程的教学效果是否明显，创新创业师资队伍的教学能力是否突出，目前还没有明确的标准进行衡量，这对于有效提升高职院校创新创业教育质量极为不利。因此我们引入创新创业教育教学质量的监控体系，确定教育教学质量监控体系的构成要素，为提升高职院校人才培养质量提供可行性办法。

一、高职院校教学质量管理理论的内涵与发展

我们探讨高职院校教学质量管理理论的内涵，就要了解全面质量管理的概念。全面质量管理即 TQM（Total Quality Management）。1961 年，美国著名质量管理专家费根堡姆在其《全面质量管理》一书中首先提出了全面质量管理的概念："全面质量管理是为了能够在最经济的水平上，并考虑到充分满足用户要求的条件下进行市场研究、设计、生产和服务，把企业内各部门研制质量、维持质量和提高质量的活动构成为一体的一种有效体系。"这个定义强调了以下 3 个方面：首先，这里的"全面"一词是相对于统计质量控制中的"统计"而言，也就是说要生产出满足顾客要求的产品、提供顾客满意的服务，必须综合运用各种管理方法和手段，充分发挥组织中每一个成员的作用，从而更全面地解决质量问题；其次，"全面"是相对于制造过程而言，产品质量有产生、形成和实现的过程，这一过程包括多个环节，它们相互制约、共同作用的结果决定最终的质量水平；最后，质量应是"最经济的水平"与"充分满足顾客要求"完整统一的。全面质量管理观点在世界范围内得到了广泛的认同，但各个国家在实践中都结合自己的实际进行了创新。特别是 20 世纪 90 年代后期以来，全面质量管理成为一种综合的、全面的经营管理方式和理念，在教育管理领域也得到了广泛的应用。

我们认为高职院校创新创业教育教学质量监控就是要坚持全面质量管理的思想，要把创新创业教育教学看作一个多要素、多层次、多功能的系统，对一切同教育教学质量有关的因素进行系统控制，即对各方面的工作过程（确定目标、制订计划、组织实施、检查总结等）以及全体师生员工实行全员、全过程和全方位的管理，最终达到全面提高创新创业教育教学质量，实现预定的人才培养目标。高职院校构建教学质量监控体系就是通过一定的工作体系和运行机制把涉及教学工作的各种因素有机整合在一起，形成相互联系、相互作用的动态关系，从而保证教学质量。在构建教学质量监控体系过程中，高职院校要遵循高等教育规律，按照学校的办学定位、培养目标和教学计划，对教学过程进行监督、协调、评价与控制，使之最优化。教学质量监控体系本身具有信息的搜集、传递、反馈、分析、处理等功能，高职院校通过教学质量监控体系的运行，对教学活动进行衡量、协调、研究、评价，发现问题、改进问题，从而实现组织目标——教学质量的稳定提高。建立和运行教学质量监控体系对学校教学工作可以起到积极的作用，主要表现在教学质量监控体系把原来较抽象的建设目标、任务要求和考核标准进一步具体化，从而形成可以直接操作的、可用以考察和分析乃至准确衡量一所学校教育教学发展状况的量化体系。高职院校教学质量监控体系实际上是对教学工作进行的全方位、全员性、全过程的质量管理的一套操作系统，是在扩大高校办学自主权的形势下，加强自我管理、自我约束、自我完善，增强自我发展能力的保证机制。教学质量监控体系的运行可以使教学工作更科学、高效和规

范，使教学管理各部门及师生按行为准则办事，并带动学校所有环节的工作。教学质量监控体系像一面明镜，每位教师、学生、管理者都能在其中看到自己的形象，从而使他们不断发挥自己的最大潜力，激励自己变压力为动力，同时也增强集体凝聚力和荣誉感。

根据以上分析，我们认为高职院校教学质量监控体系的内涵就是：高职院校在教学运行过程中，用以保证教学质量的一系列教学质量管理工作体系和监控运行机制，通过这些机制的有序运行，实现自我管理、自我约束、自我激励、自我完善、巩固和提高教学质量的目的。教学质量监控体系的核心是调动教与学双方的积极性，通过对信息的收集整理与分析、评价、反馈、调控等环节，不断提高教学质量，培养合格人才，以适应社会发展的需要。

二、教学质量监控体系的作用

高职院校教学质量监控体系的作用问题是高校教学质量监控体系研究的基本理论问题之一。高职院校教学质量监控体系的作用就是高校教学质量监控体系本身所起到的功效。

（一）鉴定与诊断功能

鉴定与诊断功能是高职院校教学质量监控体系的基本功能之一。高职院校开展教学质量监控是保证教学质量、培养合格人才、增强办学活力、进行自我检查与自我诊断的基本管理手段。鉴定功能指管理者根据学校既定的目标与质量标准，按照一定方案，对学校的教学质量进行评鉴，判断教学活动是否达到预定标准。诊断功能在教学质量监控体系履行鉴定功能的同时发生。即教学质量监控体系在鉴定教学质量是否达标的同时，还应分析整个教学活动的成绩与问题，总结成功的经验和失败的教训，并深入分析深层次原因，明确改革的方向，提出相应的建议和改进措施，供决策人员和被监控者参考。没有诊断的鉴定是残缺的，教学质量监控体系就会失去其本来意义，达不到提高教学质量的目的；鉴定不充分就进行诊断是盲目的，教学质量监控体系就会“误诊”，甚至偏离正确的方向。

（二）指导与监督功能

高职院校构建教学质量监控体系是改进与加强学校对院系进行宏观管理、指导与监督，实现决策民主化、科学化的必要条件。这里的指导指监控者在实施教学质量监控过程中对被监控者进行办学思想、培养目标、质量标准、评价方案等的解读，寻求被监控者的理解、认同和支持。教学质量监控体系的监督功能具体表现为3个方面：一是方向监督。引导和督促学校全体师生员工始终按学校的办学定位、培养目标进行教学改革和研究。二是对教学过程优化的控制和促进教学质量的不断提高。三是进行教育成本核算。督促和推进院系及有关部门合理利用人力、物力、财力资源，使之发挥最大效益，培养更多更好的人才。值得注意的是，这种监督应是相互的，不仅是管理者对教师和学生的监督，还应包括教师和学生对管理者的监督。

（三）调控与反馈功能

调控指教学质量监控体系对监控对象的教学或学习等活动进行调节和控制，使之得以健康发展。调控功能包括管理者的调控和师生自身的调控。高职院校通过教学质量监控体系的运行，可以及时获得准确的反馈信息，然后分析这些信息，根据其中比较科学可靠的信息调整学校的教学活动，对整个教学过程进行及时的调控。反馈功能得以实现的基础是教学质量信息的搜集和处理。教学质量信息按信息流向可分为反馈信息和控制信息：反馈信息来自管理对象，反映质量状态；控制信息发自管理主体，用以实施质量调控。按信息来源可分为教师信息、学生信息：教师信息反映教师工作质量和教师对质量的评价；学生信息反映学生学习质量和对教学质量的评价。从国内外教师教学质量评估比较成功的经验分析来看，要调动教师的积极性，就必须淡化评估的评比功能，强化反馈功能，促进教师主动地进行教学改革与研究，不断发现问题，改进教学，提高教学水平。

（四）导向与发展功能

这里的导向功能指教学质量监控体系的质量标准、监控方案、规章制度、评价指标等对教师的规范与制约，引导教师调整自己的教学活动。有什么样的质量标准，教师就会朝什么方向努力；有什么样的监控方案，就会引导教师在教学中做什么和怎样做；有什么样的规章制度，教师就会按规定的要求进行工作。这些质量标准、监控方案、规章制度对教师来说，起着“指挥棒”的作用，发挥着导向功能。另外，学校的政策规定与质量文化对教师有着潜移默化的影响，这也体现了教学质量监控体系的导向功能。“发展”既是教学质量监控体系的特点之一，又是教学质量监控体系的重要功能，更是高职院校构建教学质量监控体系的真正目的所在。教学质量监控体系的发展功能表现为教师教学水平的提高、教学改革的深化，最终实现教学质量的提高和合格人才的培养。

（五）约束与激励功能

约束起源于科学管理范式，在管理活动中它反映的是组织在社会化活动中的基本条件和物化经验，关注的是事物的标准状态与组织的协调情况。培养目标、管理制度、质量标准、监控手段的规定性决定了教学质量监控体系的约束功能。

要真正发挥监控体系的约束功能，必须努力使“他监控”内化为“自监控”。在现代意义上的教学质量监控体系中，在重视约束功能的同时，更应强调以人为本的激励导向作用。在以人为本的教学质量监控体系中，激励应贯穿于教学质量监控过程的始终，成为监控过程的伴侣，并灵活运用物质、精神、活动等富有成效的各种激励手段，满足教师自身发展的需要，只有这样，才能充分发挥教学质量监控体系的激励功能。约束与激励在教学质量监控体系中各司其职，相辅相成，既对立又统一，是一个问题的两方面，彼此不可代替，亦不能相互错位或偏废任何一方。教学质量监控体系的约束和激励功能的发挥，如同一盘棋，关键的一着是人。着眼于人的主体性充分发挥的约束和激励才具有战略意义，其功能才能完全统一在共同的人才培养目标旗帜之下，相得益彰地贯穿于全面的质量监控运作之中。

三、创新创业教育教学质量监控体系的实施

基于教学质量监控内涵以及教学质量监控体系的作用分析，我们认为构建创新创业教育教学质量监控体系要从以下 3 个方面入手。

（一）创新创业教育教学质量监控体系的全面构建

一是制度保障体系的构建。对创新创业教育教学质量监控制度的管理，主要通过建立教学质量管理的规章制度，有效组织教学相关组织机构，使教学相关管理活动、各个教学环节规范、科学、高效运转，确保教学质量的稳步提高。教学质量管理规章制度主要包括：教学检查制度，学生评教、领导评教、同行评教、行业专家评教、师生评管制度，领导、教师听课制度，教师评学制度，学生教学信息员制度，教师教学质量考核制度，教师岗前培训制度，学生课程考核管理规定，试卷分析制度，创业设计评估制度，毕业生创业情况调查制度，实践教学评估制度，课程建设评估制度，教学状态评估制度，教学事故处理制度，教学督导等制度。这些制度的建立和实施初步形成了创新创业教育教学质量监控制度的制度管理体系。

二是督导评价体系的构建。教学督导评价体系是创新创业教育教学质量监控体系的重要组成部分。创新创业教育教学质量督导体系工作大体分为 3 个方面：其一，建立教学质量督导机构及专门负责教学质量督导评价的工作部门，主要是对收集的信息进行处理、说明与判断，找出、分析并诊断问题；其二，对教育教学质量进行经常性督导评价；其三，对学校办学水平和教育教学质量做出准确的评价，为教学改革及学校改善管理措施提供依据。

三是激励约束体系的构建。教育教学质量监控激励约束体系也是创新创业教育教学质量监控体系的一个重要组成部分，其作用是依据监控评价结果，对教学活动的主体——教师、学生以及教学管理人员等进行行为上的激励约束，主要包括制度约束、环境约束、自我约束和道德约束。激励的形式主要包括物质激励、精神激励、需求激励（满足自身需求、实现自身价值）、竞争激励等。约束体系是从抑制角度出发，通过一系列制度措施来

纠正偏离管理目标的行为发生。

(二)创新创业教育教学质量监控体系的全面实施

创新创业教育教学质量监控体系的全面实施指将教学质量监控体系的实施覆盖高职院校内部的各个方面，并要求全员参与。所谓全员参与创新创业教育教学质量监控指实施教学质量监控管理的组织机构和人员参与的广泛性，主要由学校、二级学院和教研室、教师、学生构成。

第一层是学校教学质量监控与管理机构及人员，由主管院长、创新创业教育指导中心、教务处、教学督导委员会及其管理人员组成，形成创新创业教育教学质量管理决策、教学过程监控和教学质量评价“三位一体”的教学质量监控模式，在教学质量监控中起主导、组织、调度、指挥和监督作用。创新创业教育学院（中心）和教务处作为集中的监控机构，根据学校创新创业教育教学质量管理制度对整个教学过程进行全方位的监控，主要侧重于监督。教学督导委员会由校内督导和校外专家组成，主要侧重于评估。

第二层是二级学院和教研室教学质量监控管理机构及人员，由二级学院院长、主管教学的副院长、教学秘书等二级学院管理人员和教研室主任组成。二级学院主要制定结合所属专业的创新创业教育教学计划，组织课程安排，开展教学质量研究及教学质量检测，对教学环节进行教学检查，进行教学基础建设，对教研室的教学活动和学生的学习活动进行管理等，二级学院侧重于检查。教研室主要根据教学质量管理的目标和教学计划要求，对所属课程的各个教学环节进行组织管理。同时，教研室主任负责本教研室老师的各种教学活动，教研室侧重于执行。

第三层是教师。教师主要对学生的学习质量进行监控，这包含对学生课堂的学习、课后作业、平时的考勤、期终的考试等整个学生学习的过程进行监控和指导，这些方面的教育管理主要由教师落实。

第四层是学生。高职院校可由学生组成学生评议教学委员会，收集每位学生的评教意见，并集中对学校的教学管理情况、教学督导情况、课程设置情况和各位任课教师的教学情况进行评价，由学生评议教学委员会统一上报，学生主要侧重于反馈。

(三)创新创业教育教学质量监控贯穿学生培养全过程

一是在学生入学前，通过市场调研来确定人才培养目标，根据社会需要制订人才培养方案，确定人才培养计划，做好教育教学设施设备和师资队伍等教学条件的配置，这是整个前期工作。

二是学生入学后，从入学的始业教育开始，通过创新创业通识课程教学、基础课程教学、核心课程教学等环节及各种形式的实践性教学环节和社会实践环节，培养学生的创新创业意识和创新创业能力，尤其是强化以学生创业园为主体的创新创业项目孵化基地的质量监控，提高学生创业园管理团队的指导能力，架构学生创业资源共享平台，提高学生创业项目的孵化水平。

三是学生毕业后，通过委托社会中介组织，对学生的创业或就业质量进行调查，了解学生的成长状态，掌握学生对在校期间参与的创新创业教育活动的反馈，及时总结，提高创新创业教育教学活动的绩效。

高职院校通过创新创业教育教学质量监控体系的实施，完成高职院校人才培养计划，实现人才培养目标，为社会输送更多更好的高素质、高技能型人才。

参考文献

[1] 陈艳.创新创业教育视角下高职院校教学督导共同体构建策略[J].高教学刊,2022,8(12):46-49.

[2] 张忠,朱志海,卞华.高职院校教师创新创业教育教学能力提升研究[J].南通航运职业技术学院学报,2020,19(4):57-60.

[3] 魏敏.高职院校创新创业教育教学模式的研究与实践[J].就业与保障,2021(14):86-87.

[4] 姜新宇.创新创业教育理念下高职院校专业课程教学改革的路径研究[J].江西电力职业技术学院学报,2020,33(5):34-35.

[5] 周东夏,郑庚.创新创业教育教学体系的构建——基于高职院校的实践研究[J].湖北开放职业学院学报,2020,33(8):3-5.

[6] 杜德筠.高职院校"双师型"教师队伍与创新创业教学探讨[J].中国多媒体与网络教学学报(中旬刊),2022(7):155-158.

[7] 吕习良.高职院校创新创业教学体系研究与实践[J].通信与信息技术,2021(5):83-84.

[8] 但唐仁,邬可可.基于专业的高职院校创新创业教学团队研究[J].深圳信息职业技术学院学报,2020,18(3):57-60.

[9] 常晓宇.基于产教融合的高职院校创新创业教育教学改革[J].教育与职业,2019(21):76-80.

[10] 黄晓璇.高职院校"创新创业"课程教学改革研究[J].兰州教育学院学报,2018,34(6):108-109,112.

[11] 陈建民.高职院校大学生创新创业教学实践与教育研究[J].环渤海经济瞭望,2017(11):177.

[12] 夏青.高职院校大学生创新创业人才培养教学改革探讨[J].黑龙江科学,2022,13(11):124-126.

[13] 李敏.大学生创新创业教育教学方法的分类、选择与运用[J].创新创业理论研究与实践,2021,4(4):14-16.

[14] 王鹏.高职大学生创新创业大赛现状分析与"四位一体"创新创业教学模式构建研究[D].桂林:广西师范大学,2021.

[15] 陈磊,张晓敏,黄利梅,等.大学生职业发展教育[M].重庆:重庆大学出版社,2018.

[16] 连仙枝.高职院校创新创业课程体系内容研究[J].晋城职业技术学院学报,2023,16(2):30-32.

[17] 江美霞,龚俭龙.高职电子信息类专业创新创业课程评价体系研究[J].创新创业理论研究与实践,2023,6(4):81-84.

[18] 王黛碧,王艳梅.高职院校创新创业课程体系构建研究[J].创新创业理论研究与实践,2023,6(4):85-87,105.

[19] 张立志,赵伟,吕闽.高职院校创新创业课程建设探索[J].石家庄职业技术学院学报,2022,34(5):64-67.

[20] 蔡薇.基于CIPP模式的高职创新创业课程评价指标体系研究[J].湖北开放职业学院学报,2021,34(23):9-10.

[21] 李戈,孙颖.我国高校创新创业教育变迁的轨迹探究[J].中国大学生就业,2023(3):105-112.